AF524743

SEXE ET MENSONGES

Ouvrage publié sous la direction de Laurence Lacour
et Laurent Muller

Les Arènes,
17-19, rue Visconti, 75006 Paris
Tél. : 01 42 17 47 80
arenes@arenes.fr
www.arenes.fr

LEÏLA SLIMANI

SEXE ET MENSONGES

HISTOIRES VRAIES DE LA VIE SEXUELLE DES FEMMES AU MAROC

NOUVELLE ÉDITION AUGMENTÉE

PRÉFACE INÉDITE DE L'AUTRICE

Les Arènes

Prêcher la chasteté est une incitation publique à la contre-nature. Mépriser la vie sexuelle, la souiller par la notion d'impureté, tel est le vrai péché contre l'esprit sain de la vie.

Friedrich Nietzsche, *L'Antéchrist*

Quand Allah a créé la Terre, disait mon père, il avait de bonnes raisons de séparer les hommes des femmes. L'ordre et l'harmonie n'existent que lorsque chaque groupe respecte les hudud *(frontières). Toute transgression entraîne forcément anarchie et malheur. Mais les femmes ne pensaient qu'à transgresser les limites. Elles étaient obsédées par le monde qui existait au-delà du portail. Elles fantasmaient, se pavanaient dans des rues imaginaires.*

Fatima Mernissi, *Rêves de femmes*

À la mémoire de Fatima Mernissi.
À ma tante Atika.
À toutes les femmes musulmanes,
pour lesquelles je rêve d'un avenir radieux et libre.

PRÉFACE

« Elles aussi »

J'ai publié *Sexe et mensonges* en octobre 2017. Au Maroc, le livre a suscité un vif débat. Certains, bien sûr, m'ont accusé de salir mon pays en dévoilant l'intimité des femmes marocaines et en réclamant leur droit à disposer de leur corps et à avoir une sexualité librement consentie. Mais le livre a aussi reçu de nombreux soutiens de la part de militants, de sociologues ou d'intellectuels qui se sont joints à moi pour dénoncer la situation des libertés sexuelles dans notre pays et l'immense hypocrisie qui y règne à ce propos. Des travaux ont été publiés, des débats ont été organisés à la télévision. Des artistes brillantes et engagées, comme Sonia Terrab ou Zainab Faisiki, ont elles aussi abordé ces sujets dans des documentaires ou des bandes dessinées. À travers le cinéma, les podcasts, les romans, le sujet de la sexualité et de la place des femmes étaient au centre des conversations. Et j'ai eu l'immense joie de recevoir, dans les mois qui ont suivi la publication de ce livre, des centaines de lettres et de messages. Ils venaient non seulement de Marocaines, mais aussi d'Algériennes, d'Égyptiennes et même d'une jeune Américaine issue d'un milieu très rigoriste. L'oppression du corps des femmes est, semble-t-il, la chose la plus universelle du monde…

Je ne le savais pas au moment de la rédaction de *Sexe et mensonge*, mais le monde s'apprêtait à vivre une véritable révolution. En octobre 2017, l'affaire Weinstein, du nom de ce producteur accusé de viols et de harcèlement sexuel, a déclenché le mouvement MeToo. Parti des États-Unis, il gagne ensuite l'Europe puis le reste du monde, à des degrés divers, grâce aux réseaux sociaux. Des milliers de femmes témoignent de ce qu'elles vivent au quotidien : harcèlement, remarques abaissantes, viols, humiliation. En Europe et aux États-Unis, les opinions publiques prennent conscience non seulement des multiples violences dont les femmes sont victimes mais du fait que leur parole est, depuis trop longtemps, muselée, déconsidérée, étouffée. Or, j'avais moi-même acquis la conviction, après ces rencontres avec des femmes marocaines, que la prise de parole et le récit de soi étaient le premier pas vers l'émancipation. Des femmes mouraient sous le poids écrasant de leurs secrets. Elles vivaient avec l'idée obsédante de la *h'chouma*, la honte sociale. « Le silence ne nous sauvera pas » : la phrase d'Audre Lorde ne cesse de résonner en moi. Il fallait dire, mettre des mots sur l'injustice que subissaient mes concitoyennes au nom d'un ordre patriarcal qui utilise la religion pour justifier ses privilèges. Il fallait dire pour mettre sous les yeux des lecteurs la réalité d'une situation génératrice de drames sociaux : les avortements clandestins, les viols impunis, la marginalisation de celles qui font le choix d'une vie libre. Il fallait dire et surtout écouter ces femmes, pour qu'enfin la honte change de camp et qu'elles puissent trouver leur juste place dans la société. D'ailleurs, il faut rappeler que l'idée de ce livre est née pendant la tournée que j'effectuais pour la parution de mon premier roman, *Dans le jardin de l'ogre*. Cela me conforte dans l'idée qu'il n'y a rien de plus puissant que le récit pour créer du lien, pour éveiller les consciences et faire émerger des prises de conscience. Nous avons désespérément besoin de récits.

Au Maroc, le mouvement MeToo est resté minoritaire, mais surtout, les lois n'ont pas changé. Le royaume a même connu une succession de scandales et d'arrestations arbitraires. En 2019, une célèbre actrice a été arrêtée pour adultère après que son mari a porté plainte contre elle. Dans un hôtel de Marrakech, un haut fonctionnaire a été surpris dans une chambre avec sa maîtresse qui, à l'arrivée de la police, s'est jetée par la fenêtre. Mais surtout, en septembre 2019, la journaliste Hajar Raissouni a été arrêtée à la sortie d'une clinique, ainsi que son médecin, pour avortement clandestin et relations sexuelles hors mariage. La jeune femme, qui travaillait pour *Akhbar el Yaoum*, un journal très critique à l'endroit du pouvoir et dont la famille compte de grandes figures de l'islamisme politique, est vite devenue un symbole. Face à la multiplication des affaires, la réalisatrice Sonia Terrab et moi-même avons décidé de lancer le « manifeste des hors-la-loi ». Il nous semblait qu'il fallait absolument s'en prendre à l'hypocrisie généralisée qui prévaut dans notre pays. Car si les relations sexuelles hors mariage sont interdites par la loi, elles n'en sont pas moins pratiquées, tous les jours, par tout le monde, quelle que soit l'origine sociale. La devise des Marocains est simple : faites ce que vous voulez, mais ne le dites pas. Nous avons donc contacté nos amis, notre entourage ; nous avons sollicité des artistes, des intellectuels et des hommes et femmes politiques. Le 23 septembre, des dizaines de journaux marocains et étrangers ont publié notre manifeste, signé par 490 personnes.

Dans les jours qui ont suivi, plus de 20 000 personnes nous ont contactées afin d'adhérer à notre collectif. Des milliers de femmes nous ont envoyé leurs témoignages, et nous avons pris la mesure de l'ampleur de la réalité. Humiliation par la police, avortements clandestins, méfiance des médecins qui refusent de traiter des femmes en situation d'urgence par peur des autorités, arrestation musclée dans des voitures ou des hôtels. Nous avons découvert à quel point la société marocaine était fatiguée par l'injonction à mentir sur sa vie privée et combien la jeune génération était engagée sur ces questions. À quel point aussi ces lois liberticides sont de plus en plus utilisées de manière arbitraire : afin de faire taire des opposants, de faire chanter un voisin qu'on n'aime pas, ou de se venger suite à une séparation. Les citoyens marocains ont, pour beaucoup d'entre eux, pris conscience que ces lois faisaient peser sur eux une menace constante. Et ils savent aussi que ce sont les plus pauvres, les plus fragiles, et en particulier les femmes, qui paient le prix de cette répression sexuelle, quand les classes bourgeoises, elles, peuvent vivre leur sexualité plus librement. Notre colère, notre rage étaient immenses face à ces injustices, à tous ces destins brisés, ces rêves avortés, ces femmes forcées de renoncer à leurs désirs pour ne pas risquer d'être traitées en parias.

La mobilisation actuelle me donne de l'espoir. La jeunesse marocaine, comme celle de toute la région, a soif de libertés ; elle veut voir son droit à la vie privée respecté. Beaucoup ont pris conscience du fait qu'une société qui tient à l'écart la moitié de sa population ne peut se targuer d'être moderne ou démocratique. Il est plus que temps que la femme marocaine et toutes les femmes soient reconnues comme des individus à part entière, dont le corps n'appartient à personne et qui peuvent décider de leur destin et de leur sexualité. Le combat continue, plus que jamais.

Mai 2021

INTRODUCTION

Lorsque j'ai publié mon premier roman, *Dans le jardin de l'ogre* (Gallimard), à l'été 2014, certains journalistes français se sont étonnés qu'une Marocaine puisse écrire un tel livre. Ils entendaient par là « un livre libre et sexuel », un livre trash et cru, qui raconte l'histoire d'une femme souffrant d'addiction au sexe. Comme si, culturellement, j'aurais dû être plus pudique, plus réservée. Comme si j'aurais dû me contenter d'écrire un livre érotique aux accents orientalistes, en digne descendante de Shéhérazade.

Pourtant, il me semble que les Maghrébins sont très bien placés pour aborder des thématiques liées à la douleur sexuelle, à la frustration ou à l'aliénation. Le fait de vivre ou d'avoir grandi dans des sociétés où la liberté sexuelle n'existe pas fait du sexe un objet d'obsession permanente. Il suffit d'ailleurs de se pencher avec un peu plus d'attention sur la littérature du monde musulman pour voir à quel point la sexualité y est un thème incontournable, traité souvent de manière crue et dure. Des femmes écrivains comme la Libanaise Joumana Haddad, comme la mystérieuse Nedjma ou bien la Syrienne Salwa Al Neimi, explorent ce terrain-là, avec beaucoup de talent et de courage.

Mon livre n'était donc en rien une exception. Et je crois même pouvoir dire que ce n'est pas un hasard si j'ai construit un personnage comme Adèle : une femme frustrée, qui ment, qui mène une double vie. Une femme rongée par les remords et par sa propre hypocrisie. Une femme qui contourne les interdits et qui ne jouit pas. Adèle est, d'une certaine façon, une métaphore un peu extrême de la sexualité des jeunes femmes marocaines.

À l'occasion de la sortie de mon roman, j'ai tenu à faire une tournée au Maroc et à présenter mon livre dans différentes villes du royaume. Je me suis rendue dans des librairies, dans des facultés, dans des médiathèques. J'ai été invitée par des associations et des groupes de parole. Ces deux semaines de tournée ont été une véritable révélation. J'étais loin de me douter de la soif de débat chez ceux que j'allais rencontrer. À chacune de mes interventions, j'ai pu constater à quel point une rencontre autour de la sexualité passionnait le public. De très nombreuses femmes sont venues vers moi avec le désir de parler, de me raconter leur histoire. Le roman a ceci de magique qu'il institue un rapport très intime entre l'écrivain et son lecteur et qu'il fait tomber les barrières de la pudeur ou de la méfiance. Avec elles, j'ai passé des heures extraordinaires. Cette parole-là, j'ai voulu la restituer, comme le témoignage poignant d'une époque et d'une souffrance.

Mon but ici n'est pas d'écrire une étude sociologique ni de faire un essai sur la sexualité au Maroc. D'éminents sociologues, d'excellents journalistes font ce travail ô combien difficile. Ce que je voulais, c'était livrer cette parole brute. Cette parole vibrante et intense, ces histoires qui m'ont bouleversée, émue, qui m'ont mise en colère et parfois révoltée. J'ai eu envie de donner à entendre ces tranches de vie, souvent douloureuses, dans une société où beaucoup d'hommes et de femmes préfèrent détourner les yeux. En me racontant leur vie, en acceptant de briser des tabous, toutes ces femmes m'ont en tout cas signifié une chose : leur vie a de l'importance. Elles comptent et doivent compter. Elles ont voulu sortir, pour quelques heures au moins, de leur isolement et inviter les autres femmes à prendre conscience du fait qu'elles ne sont pas seules. C'est en cela que cette parole est politique, engagée, émancipatrice. À l'époque de ces rencontres, je pensais souvent à cette phrase de Fatima Mernissi (*Rêves de femmes : une enfance au harem*) à propos du personnage de Shéhérazade – personnage magnifique mais parfois bien pesant pour les femmes musulmanes : « Elle aiderait le sultan à voir que sa haine obsessionnelle des femmes était une prison. Elle guérirait l'âme troublée du roi en lui racontant les malheurs d'autrui. » Pour la sociologue marocaine, si Shéhérazade est un personnage si extraordinaire, ce n'est pas parce qu'elle incarne la femme orientale séductrice et lascive mais, bien au contraire, parce qu'elle reprend ses droits sur le récit, qu'elle n'est plus seulement objet mais sujet de l'histoire. Les femmes doivent retrouver le moyen de peser sur une culture qui est l'otage des religieux et du patriarcat. En prenant la parole, en se racontant, elles usent d'une des armes les plus puissantes contre la haine et l'hypocrisie généralisée. Les mots.

Il faut mesurer à quel point les femmes qui témoignent dans ce livre sont courageuses et à quel point il est difficile, dans un pays comme le Maroc, de sortir du cadre, d'adopter un comportement considéré comme marginal. La société marocaine est tout entière basée sur la notion de dépendance au groupe. Et le groupe est perçu par l'individu à la fois comme une fatalité, dont il ne peut se départir, et comme une chance, puisqu'il peut toujours compter sur une forme de solidarité grégaire. La relation au groupe est donc profondément ambiguë. Autre pilier de la société marocaine :

le concept de *h'chouma,* que l'on peut traduire par la « honte » ou la « gêne », et qui est inculqué à chacun dès la petite enfance. Être bien élevé, être un enfant obéissant, être un bon citoyen, c'est aussi avoir honte, faire preuve de pudeur et de retenue. « L'ordre et l'harmonie n'existent que lorsque chaque groupe respecte les *hudud* [frontières sacrées]. Toute transgression entraîne forcément anarchie et malheur », écrivait Fatima Mernissi dans *Rêves de femmes*. Le coût de la transgression est très élevé et celui qui est coupable d'avoir traversé les « frontières sacrées » est puni en conséquence et sévèrement rejeté. Les femmes qui m'ont parlé vivent ce que vivent la plupart des Marocains : un combat intérieur très dur, déchirant, entre la volonté de se libérer de la tyrannie du groupe et la crainte que cette liberté n'entraîne l'effondrement de toutes les structures traditionnelles sur lesquelles leur monde est construit. Toutes, vous le verrez, font parfois preuve d'ambiguïtés, elles se contredisent, s'émancipent puis baissent la tête. Elles tentent de survivre.

En écoutant ces femmes, j'ai eu envie de donner à entendre la réalité de ce pays, qui est bien plus complexe, bien plus douloureuse que ne voudraient nous le faire croire les autorités. Car, si l'on s'en tient à la loi telle qu'elle existe et à la morale telle qu'elle est transmise, il faudrait croire que tous les célibataires du Maroc sont vierges. Que tous les jeunes gens et toutes les jeunes femmes, qui représentent plus de la moitié de la population, n'ont jamais eu de relations sexuelles. Les concubins, les homosexuel(le)s, les prostitué(e)s, tous ces gens n'existeraient donc pas. Si l'on écoutait les plus conservateurs, soucieux de défendre une identité marocaine qui tient du mythe plus que de la réalité, le Maroc est un pays sage et vertueux qui doit se protéger de la décadence occidentale et du libéralisme de ses élites. Au Maroc, l'interdiction de la «fornication», ou *zina,* n'est pas seulement une injonction morale. L'article 490 du Code pénal prévoit «l'emprisonnement d'un mois à un an [pour] toutes personnes de sexe différent qui, n'étant pas unies par les liens du mariage, ont entre elles des relations sexuelles ». Selon l'article 489, toute « conduite tendancieuse ou contre nature entre deux personnes du même sexe est punie de six mois à trois ans de prison ». Dans un pays où l'avortement est illégal sauf cas de viol, de malformations graves ou d'inceste et où « toute personne mariée convaincue d'adultère » risque un à deux ans de prison (article 491 du Code pénal) se jouent chaque jour des situations dramatiques. On ne les voit pas, on ne les entend pas, et pourtant des tragédies intimes rongent les citoyens qui ont le sentiment de vivre dans une société hypocrite, qui les juge et les rejette.

Évidemment, dans la réalité, personne n'ignore que les lois qui nous gouvernent sont bafouées tous les jours, toutes les heures, dans tous les milieux. Chacun le sait mais personne ne veut le voir et s'y confronter. D'ailleurs, tous les conservateurs le reconnaissent : la loi qui pénalise les relations sexuelles hors mariage n'est pas respectée, mais nous refusons absolument de l'admettre publiquement. Nous savons que des centaines d'avortements clandestins ont lieu chaque jour, mais nous n'en prenons pas acte. Nous savons que des homosexuels vivent dans la peur et l'humiliation et nous préférons ignorer qu'ils existent. Tous ceux qui détiennent l'autorité, gouvernants, parents, professeurs, tiennent le même discours : « Faites ce que vous voulez, mais faites-le en cachette. » Dans une société comme la nôtre, l'honneur passe avant tout. Ce n'est pas tant la vie sexuelle des gens que l'on juge mais la publicité qu'ils en font ou osent en faire. Or, contrairement à ce que clament les plus conservateurs, cette injonction au silence n'est plus suffisante pour maintenir la paix sociale et permettre l'épanouissement de chacun. Notre société est rongée par le poison de l'hypocrisie et par une culture institutionnalisée du mensonge. Tout cela génère de la violence et de la confusion, de l'arbitraire et de l'intolérance.

À trop vouloir donner des gages aux éléments les plus conservateurs de la société, on joue aussi un jeu très dangereux. Quand des femmes sont jugées pour outrage à la pudeur ou des homosexuels lynchés en place publique, c'est qu'il est urgent de réfléchir au projet de société qui nous unit et qui permet d'éviter ce type de débordements. Le Maroc, comme les autres pays musulmans de la région, ne pourra pas se passer d'une telle réflexion. À une époque où le terrorisme islamique est de plus en plus violent, où la société marocaine est, comme d'autres sociétés musulmanes, profondément divisée sur les questions ayant trait aux mœurs, j'ai le sentiment que nous ne pouvons pas faire l'impasse sur ces questions de libertés individuelles. Elles seules nous permettront de mener une véritable guerre idéologique contre l'islamisme radical et Daesh. Nous ne pouvons plus nous permettre d'ignorer la réalité sous prétexte qu'elle n'est pas conforme à la religion, à la loi ou tout simplement à l'image que nous voudrions donner de nous-mêmes. Nous devons cesser de céder à la tentation du repli, à la paresse de définir notre culture et notre identité comme des données figées et anhistoriques. Nous ne sommes pas notre culture ; mais notre culture est ce que nous en faisons. Cessons d'opposer islam et valeurs universelles des Lumières, islam et égalité des sexes, islam et plaisir charnel. Car la religion musulmane peut être vue d'abord comme une éthique de la libération, de l'ouverture à l'autre, comme une éthique intime et pas comme une vulgaire morale manichéenne.

Plus que jamais, je suis persuadée que les pays du Maghreb ne se développeront pas, leur jeunesse ne s'épanouira pas, leurs femmes n'y joueront pas le rôle qui leur revient, sans une refonte totale des droits individuels et sexuels. Quelle place souhaitons-nous donner à l'individu dans nos sociétés ? Comment protéger les femmes et les minorités ? Quelle place pour la marginalité dans une société qui survalorise le respect de la norme religieuse et la surveillance sociale ? Quelle place pour l'individu et pour l'intimité dans une société profondément intrusive ? *Quid* d'un droit à la vie privée, qui ne soit régenté ni par l'État ni par le religieux ?

Je sais que pour certaines personnes les droits sexuels ou la liberté sexuelle sont quelque chose d'anecdotique. Dans un pays comme le Maroc, on pourrait considérer qu'il y a bien d'autres combats à mener, que l'éducation et la santé passent avant les libertés individuelles. Mais les droits sexuels font partie des droits de l'homme ; ce ne sont pas des droits accessoires, des petits plus dont on pourrait se passer sans mal. Exercer sa citoyenneté sexuelle, disposer de son corps comme on l'entend, mener une vie sexuelle qui soit sans risque, source de plaisir et libre de toute coercition sont des besoins fondamentaux et des droits qui devraient être inaliénables et garantis pour tous.

Non seulement les droits sexuels font partie des droits humains, mais on peut considérer que c'est par le biais de la sexualité que la domination masculine s'est établie dans de multiples civilisations. Défendre les droits sexuels, c'est défendre directement les droits des femmes. À travers le droit de disposer de son corps, de s'affranchir de son cercle familial pour vivre une sexualité épanouissante, ce sont des droits politiques qui se jouent. En légiférant dans ces domaines, on donnera aux femmes les moyens de se défendre contre la violence masculine et les pressions familiales. La situation aujourd'hui n'est plus tenable. À savoir, une situation de misère sexuelle généralisée, en particulier pour les femmes dont les besoins sexuels autres que la reproduction sont tout simplement ignorés ; des femmes qui sont soumises à l'impératif de la virginité avant le mariage et à la passivité ensuite. Une femme dont le corps est soumis à un tel contrôle social ne peut pas jouer pleinement son rôle de citoyenne. En étant à ce point « sexualisée », exhortée au silence ou à l'expiation, la femme est niée en tant qu'individu.

Michel Foucault écrivait dans son *Histoire de la sexualité* que la sexualité est un « point de passage particulièrement dense pour les relations de pouvoir : entre hommes et femmes, entre jeunes et vieux, entre parents et progéniture, entre éducateurs et élèves, entre prêtres et laïcs, entre une administration et une population ». Au Maroc, comme dans d'autres pays musulmans, on peut considérer que la situation de misère sexuelle est aussi un outil de soumission du peuple. Maintenu sous cette chape de plomb, l'homme reproduit un modèle autoritariste. On produit ainsi un individu adapté à un régime coercitif. Comme le fait remarquer le politologue Omar Saghi dans un article de *Jeune Afrique* publié en janvier 2013, clandestinité sexuelle et clandestinité politique vont de pair. «Ceux qui, à 16 ans, ont dû supplier un quelconque flic de ne pas les emmener au poste parce qu'ils se tenaient par la main et parce qu'en la matière la famille allait être aussi répressive, aussi brutale que l'État policier, se forment à la vie mutilée des dictatures.»

SORAYA[1]

« N'oublie pas »

C'est elle qui m'a abordée. J'étais attablée au bar, dans un hôtel chic de Rabat. Elle s'est approchée, a posé sa main sur le siège à côté du mien et m'a demandé si elle pouvait s'asseoir. J'ai dit : « Oui, évidemment », à la fois surprise et séduite par son assurance. Elle s'est assise, souriante, volubile. Elle s'est mise à parler de tout et de rien, sans doute soucieuse de ne pas laisser de place à la gêne qui aurait pu s'installer entre deux inconnues qui prennent un verre.

Elle a un peu parlé de mon livre. C'est comme ça que nous nous sommes rencontrées finalement, à travers ce roman qu'elle avait lu et qu'elle voulait que je lui signe, à la fin de la rencontre qui venait d'avoir lieu dans les salons de cet hôtel. Elle était arrivée

1. Le prénom a été modifié.

en retard et n'avait pas pu y assister. Quand elle est entrée dans la salle de conférences, la discussion était terminée, les livres signés et j'avais disparu. Un responsable avait été assez gentil pour lui indiquer que je m'étais installée au bar, où je profitais d'un moment de solitude et de répit. Voilà ce qui l'avait amenée à s'asseoir à côté de moi.

Elle devait avoir 40 ans. C'était une jolie femme, insuffisamment apprêtée. Elle ne prenait pas soin de ses cheveux, ni de sa peau. Elle avait des ongles de taille et de forme différentes et elle fumait beaucoup. Mais son sourire, son sourire immense et infiniment sincère, la transfigurait. Elle souriait dans un élan d'une étrange générosité et parfois elle se mettait à rire, d'un rire enfantin et malicieux. Un rire de feuille froissée qui lui faisait baisser légèrement les yeux. Elle n'avait aucun esprit de sérieux, semblait étrangère à tout pathos. À plusieurs reprises, je l'ai trouvée belle.

Elle s'est mise, d'elle-même, à se raconter. J'osais à peine bouger. Je me retenais de saisir mon verre, de boire une gorgée, de peur qu'un seul de mes gestes ne vienne interrompre la grâce de ses déclarations. Elle m'a demandé si j'avais un enfant. Je lui ai dit que j'avais un petit garçon. « Moi, je n'en ai pas eu. Je n'ai pas réussi. C'est le grand regret de ma vie. » Elle m'a alors expliqué qu'elle s'était mariée très jeune, avec un homme dominateur et jaloux. Ils avaient essayé pendant des années d'avoir des enfants. Elle avait fait de nombreuses fausses couches, avait subi des traitements, puis elle avait renoncé. Cet échec avait eu raison de son couple. « Et puis il n'était pas très sympa », me dit-elle en riant.

Des hommes, elle n'en avait connu aucun avant son mari. « Quand j'étais jeune, j'étais très coincée. Je me souviens, à 20 ans, mes copines de fac étaient complètement délurées. Elles parlaient de leurs amants, racontaient même les détails de leur vie sexuelle. Moi, ça me mettait très mal à l'aise. J'étais vierge et plutôt coincée. » Après son divorce, elle s'est fait un groupe d'amies libres et sans tabous, avec qui elle parlait de tout. La liberté de parole, la grivoiserie même, lors des après-midi entre filles, l'ont surprise et réconfortée. Ces femmes lui expliquaient comment devenir experte dans l'art de séduire les hommes, de quelle façon les rendre fous physiquement, quitte à utiliser pour cela quelque étrange potion.

« Mais dans ma famille, c'était très différent », me confie-t-elle. Elle me décrit alors sa mère. « C'est une reine. Une femme forte et belle, extrêmement autoritaire » et qui vivait avec son père une relation totalement fusionnelle. « Mes deux sœurs et moi n'avions pratiquement pas le droit de lui parler. Dès qu'on trouvait l'occasion de passer un moment en tête à tête avec lui, elle nous appelait dans la cuisine ou ailleurs pour l'aider. Elle ne supportait pas qu'il puisse en aimer une autre qu'elle. »

Cette mère, adorée et crainte, tenait à ce que ses filles soient de bonnes élèves, intégrées et sociables. Elle ne les empêchait ni d'assister aux goûters d'anniversaire ni de sortir le soir ou même de passer la nuit chez une amie. « Elle nous faisait confiance, je crois. Mais quand elle disait au revoir, avant de me déposer ici ou là, elle se penchait toujours vers moi et, à l'oreille, elle chuchotait : "N'oublie pas." » La jeune femme rit, d'un rire à la fois tendre et triste.

« Qu'est-ce qu'elle ne voulait pas que vous oubliiez ? » me suis-je risquée à lui demander.

« N'oublie pas de rester vierge. C'est ça qu'elle me disait. » Et cette injonction, sacrée, terrible, constamment répétée, est devenue comme un refrain entêtant. Une voix dont elle ne parvint jamais à se débarrasser. « J'avais envie de décoincer ce corps. Après mon divorce – que ma mère a vécu comme un terrible échec –, je me sentais forte, capable de prendre ma vie en main. J'avais l'intuition étrange que mon corps avait beaucoup à m'offrir, j'avais envie de découvrir le plaisir, l'abandon. Je n'y suis jamais arrivée. »

Elle rencontre pourtant un homme plus âgé qu'elle. Un homme qu'elle décrit comme sensuel et patient. Ils font l'amour souvent, longtemps. Il essaie de la convaincre de « se laisser aller ». « J'essayais, m'assure-t-elle. J'essayais de tout mon cœur, mais je n'y arrivais pas. »

Depuis quelques instants, je sens qu'elle tourne autour du pot. Que toutes ces histoires qu'elle me raconte sont fortes, belles, mais qu'elles ne sont pas l'essentiel. Cette femme a un secret. Je prends une cigarette et je lui en propose une. Mon briquet s'est enrayé, je m'épuise le doigt sur la pierre. Elle se tourne vers notre voisin et lui demande du feu. « Voilà, dit-elle. C'est comme ça que ça a commencé. Je me suis tournée vers lui et je lui ai demandé du feu. Il a allumé ma cigarette et, comme j'étais assise seule et qu'il l'était lui aussi, il m'a proposé de me joindre à lui. Il s'est mis à parler, très simplement. Il m'a raconté sa vie comme si j'étais une amie, comme s'il avait totalement confiance en moi. J'étais complètement aimantée. J'étais fascinée par cet homme, à tel point que cela me faisait peur. J'avais envie de rester là pour toujours, à l'écouter, et en même temps je me disais qu'il faudrait prendre mes jambes à mon cou. Il parlait bien, il parlait cash. »

Les joues rouges, le regard soudain habité, elle m'a avoué que son mari s'est alors mis à l'appeler sur son portable et que, pour la première fois de sa vie, elle a refusé tous ses appels, finissant même par éteindre son téléphone. L'homme et elle ont discuté longtemps. Elle était un peu ivre vers onze heures, quand il lui a proposé de l'accompagner chez lui pour un dernier verre et pour un baiser. Et pour tout le reste. Elle n'a pas osé. Elle a pris peur et elle s'est enfuie, comme une folle, sans donner d'explications. Sur la route, elle a appelé une amie et lui a demandé de lui servir d'alibi, de prétendre qu'elles avaient passé la soirée au cinéma. Elle a appris par cœur le résumé du film projeté ce soir-là et elle l'a ensuite récité à son mari. Elle se met alors à rire et ajoute avec une fausse légèreté : « Je me suis condamnée. Pourtant, je suis sûre que ça valait la peine. »

*

J'ai quitté le Maroc il y a plus de quinze ans. Avec les années et avec la distance, j'ai sans doute oublié à quel point il était difficile de vivre sans ces libertés qui me sont devenues si naturelles. En France, on a peut-être du mal à imaginer la schizophrénie qu'engendre la découverte de sa sexualité pour une jeune fille dans un pays où l'islam est religion d'État et où les lois sont extrêmement conservatrices sur tous ces sujets.

Je suis marocaine et, au Maroc, les lois musulmanes s'appliquent à moi. Le fait que je croie ou non en Dieu ou en certaines valeurs de l'islam n'a aucune importance. Quand j'étais adolescente, mes parents ont donc dû m'expliquer, même si cela était en contradiction avec leurs propres convictions intimes, qu'il m'était interdit d'avoir des relations sexuelles hors mariage ou même de me trouver dans un endroit public avec un homme qui n'était pas de ma famille. J'ai compris que je ne pouvais pas être homosexuelle, me faire avorter, vivre en concubinage. Ne pouvant pas avorter, si j'avais un enfant sans être mariée, je pouvais également être poursuivie et mon enfant n'aurait pas de statut. Il serait un bâtard. Le nouveau Code de la famille, promulgué en 2004, permet de déclarer les enfants nés hors mariage, mais si le père ne le reconnaît pas, les mères doivent choisir dans une liste de noms, incluant la particule *Abd*. Né de père inconnu, l'enfant est mis au ban de la société et victime d'exclusion sociale, économique. Il y a en moyenne 24 bébés abandonnés chaque jour, soit 8 000 à 9 000 bébés par an sans identité ni généalogie, sans parler des cadavres trouvés dans les poubelles.

Pour résumer, en dehors du mariage, point de salut. Car si la société se montre indulgente à l'égard du corps masculin, qui doit exulter, pour les femmes, tout est interdit en dehors de la conjugalité. La loi est dure mais c'est la loi. La réalité est évidemment différente et beaucoup de gens contournent ces règles. La police elle-même, qui est censée faire respecter ces principes, se contente souvent de régler le problème en acceptant quelques billets. Il suffit d'ailleurs d'entrer dans les boîtes de nuit de Marrakech, de Casablanca ou de Rabat pour le constater. Mais tout cela crée un climat de confusion et d'angoisse. Parce que c'est profondément arbitraire. Parce qu'il suffit d'une fois, d'être au mauvais endroit, au mauvais moment, face à la mauvaise personne. Selon que vous soyez riche ou pauvre, que vous viviez dans une grande ville ou dans un bourg conservateur, la loi ne s'appliquera pas de la même manière.

Mon père était inquiet. Il disait toujours : « Tu ne pourras jamais vivre ici. Tu es trop libre, tu vas avoir des problèmes. » Mais je n'ai jamais fait de concession à ma liberté. J'ai toujours parlé de ce que je voulais, mis les vêtements que j'aimais, je me suis adressée aux hommes avec assurance, parfois même avec bravade. J'ai dansé seule dans des boîtes de nuit où les hommes payent les femmes assises sur leurs genoux. Et étrangement, je n'ai – presque – jamais eu à le regretter. On a souvent fini par me serrer la main, par rire de mes plaisanteries, par me sortir de certains mauvais pas. Peut-être à cause de mon milieu. À cause du fait qu'on ne me considère pas vraiment comme « marocaine ». Je sais que j'ai bénéficié d'une forme d'exception et que la plupart des femmes de mon pays ne peuvent pas en dire autant.

Adolescente, j'ai compris que mon sexe concernait tout le monde : la société avait droit sur lui. La virginité est un thème obsédant au Maroc et dans le monde arabe.

Qu'on soit libéral ou non, religieux ou non, on ne peut pas échapper à cette obsession. Avant de se marier, et selon le Code de la famille, une femme est supposée fournir un certificat de virginité. Évidemment, la virginité de l'homme, qui est impossible à prouver et qui n'est en réalité pas recherchée, ne préoccupe personne. Dans le langage populaire, les expressions pour désigner la perte de la virginité sont d'ailleurs assez révélatrices. Lors de mes discussions avec des femmes, plusieurs m'ont dit à propos d'une fille non vierge qu'elle avait été « cassée », « gâchée », « abîmée » par un homme et qu'il avait fallu ensuite gérer ce terrible « stigmate ».

Devenir une femme adulte est un parcours semé d'humiliations. Face à la police, face à la justice comme dans l'espace public, être une femme est un inconvénient. Comme l'écrivait le romancier turc Zülfü Livaneli dans son roman *Délivrance* (Gallimard), « dans toute la Méditerranée, la notion d'honneur se situe entre les jambes des femmes ». Un poids bien lourd à porter pour la moitié de la population. Idéalisée, mythifiée, la virginité est évidemment un outil de coercition destiné à garder les femmes chez elles et à exercer sur elles une surveillance de tous les instants. Elle est un objet de préoccupation collective au lieu d'être une question d'ordre privé. Elle est aussi devenue une manne économique pour tous ceux qui pratiquent des dizaines de reconstitutions d'hymen chaque jour et pour certains laboratoires qui commercialisent de faux hymens, censés saigner le jour du rapport sexuel. La misère sexuelle, nous le verrons, est un capitalisme comme un autre.

À l'adolescence, le monde se divisait en deux groupes. Celles qui le faisaient et celles qui ne le faisaient pas. Le choix, ici, ne peut pas être comparé à celui que font les jeunes femmes en Occident. Parce qu'au Maroc, sans le savoir, c'est un choix presque politique. En perdant sa virginité, une femme bascule automatiquement dans l'illégalité, ce qui n'est évidemment pas anodin. Mais faire ce choix ne suffit pas : il faut ensuite pouvoir, concrètement, réaliser son désir. Or, les contraintes sont très nombreuses. Où se retrouvent les amoureux au Maghreb ? Chez les parents ? Tout simplement impensable. À l'hôtel ? Même pour ceux qui en auraient les moyens, c'est impossible, puisque l'hôtel est en droit de réclamer un certificat de mariage aux couples désireux de partager une chambre. On se retrouve donc dans les voitures, dans les forêts, aux abords des plages, sur des chantiers ou sur des terrains vagues. Avec cette angoisse terrible d'être découvert et donc purement et simplement arrêté par la police. Je ne sais pas si une jeune Européenne de 16 ans mesure l'angoisse que peut représenter une telle situation.

Je l'ai vécue. En terminale, je flirtais dans la voiture avec un garçon. Un flirt innocent et tout à fait naturel entre deux adolescents. Une voiture de la gendarmerie royale s'est arrêtée à quelques mètres. Les flics se sont approchés de notre voiture. Ils savaient très bien ce que nous faisions. C'est d'ailleurs pour cela qu'ils faisaient des rondes dans cette forêt. Il était de notoriété publique que des dizaines de couples se retrouvaient ici chaque jour. Jeunes ou vieux, couples adultérins ou lycéens amoureux, riches ou pauvres, tous poussés par l'envie d'un peu d'intimité à l'ombre des eucalyptus. Les gendarmes qui patrouillent ici ne sont pas une brigade des mœurs, mais ils se comportent comme tels. En réalité, ils se fichent de savoir ce que vous faites, si vous êtes consentante ou non, ils ne prennent pas le temps de s'assurer que vous êtes en sécurité. Ils viennent mollement faire appliquer une loi, ou plutôt en tirer les bénéfices. Car, dans la plupart des cas, ils accepteront de fermer les yeux pour quelques billets. Ce sera le prix de votre humiliation.

Je ne voulais à aucun prix être assimilée aux petites filles sages ou aux franges les plus conservatrices de la société. Je ne voulais pas être une fille bien, tant cette expression « les filles bien » avait été galvaudée dans la bouche de gens que je considérais comme hypocrites et bornés. À longueur de journée, ils répètent que « les filles bien ne fument pas », « les filles bien ne sortent pas le soir, n'ont pas d'amis garçons, ne portent pas de short, ne boivent pas en public, ne parlent pas plus fort que leurs frères, ne dansent pas devant des hommes ». Je savais que les filles bien ne sont pas toujours celles que l'on croit. Comme tout le monde, j'avais entendu dire que certaines filles acceptaient de se faire sodomiser plutôt que de perdre leur virginité. Je n'avais pas cette conception-là de la pureté. À vrai dire, je ne m'étais jamais sentie pure. Jamais. Paradoxe de ce climat, à force de considérer que les femmes sont provocantes, dangereuses, qu'il faut brider tout appétit sexuel en elles, on nie la notion même de pureté que l'on cherche pourtant à préserver. Je me sentais coupable avant même d'avoir péché.

La poétesse et journaliste libanaise Joumana Haddad parle avec beaucoup de verve de l'importance de l'éducation dans la perpétuation de la misogynie et de la discrimination. Elle s'adresse en particulier aux mères qui, trop souvent, élèvent leurs garçons comme des demi-dieux et qui, aussi ouvertes soient-elles, ont tendance à considérer que les filles devraient se montrer discrètes et accepter leur sort.

Après les agressions sexuelles de Cologne, le 31 décembre 2015, voici ce qu'elle écrit dans une tribune : « Désolée de vous l'annoncer ainsi, vous les mères, mais si vos fils deviennent des harceleurs, des violeurs, des violents, des pourris, des mauvais maris, des machos, ce n'est pas uniquement la faute de la société et de la culture : vous en êtes également responsables. Au lieu de répéter à votre fille qu'elle est une proie, cessez de dire à votre fils qu'il est un chasseur. Au lieu d'apprendre à votre fille à se taire, essayez d'apprendre à votre fils à écouter. Au lieu d'interdire à votre fille de porter une jupe, essayez de faire comprendre à votre fils qu'une jupe n'est pas une invitation au sexe. Au lieu de forcer votre fille à se couvrir, essayez d'expliquer à votre fils qu'une femme est autre chose qu'un corps. »

Mon père a eu trois filles, libres, bavardes, indépendantes. Pour lui, qui était né dans le Fès des années 1940, il n'était sans doute pas facile de voir grandir ses filles dans une société où le rôle des femmes avait totalement changé, mais où demeuraient de puissants garde-fous. Sans cesse, il lui a fallu jongler entre la transmission de ce en quoi il croyait le plus intimement, à savoir l'égalité homme-femme, et la nécessité de nous préparer au conservatisme de la morale dominante. Parfois, c'est nous qui avons poussé pour obtenir plus de liberté, c'est nous qui l'avons convaincu que notre désir d'émancipation était plus fort que notre besoin d'être protégées. Et je suis persuadée que, au cours de sa vie, sa vision des femmes, mais aussi des problématiques liées au fait d'être une femme dans ce monde, a considérablement évolué. Nous l'avons éduqué tout comme il nous a éduquées. Ensemble, nous nous sommes élevés.

NOUR

**« Je ne demande pas la lune :
juste vivre ce que je veux,
avec qui je veux. »**

À Agadir, j'ai été contactée par une toute jeune association, qui s'occupe d'ouvrir l'horizon des jeunes en leur proposant des activités culturelles. Le président de l'association les reçoit plusieurs fois par semaine. Il discute avec eux de cinéma, de littérature, ou leur fait écouter des morceaux de musique. Lorsqu'il m'a contactée pour venir parler de mon livre, je n'ai pas hésité. C'est là que j'ai rencontré Nour. Cette élégante trentenaire, issue de la classe moyenne, m'a beaucoup touchée. Très douce, pudique, elle a tout de suite affiché un grand désir de se confier.

Elle a commencé par me parler de sa famille. Célibataire, elle vit encore avec ses parents. De son père, elle dit qu'il est

« souple même s'il reste marocain ». Quand je lui demande ce que cela veut dire, elle ajoute, un peu timide : « Il prête une grande attention au regard des gens. Mais il me laisse un peu d'espace libre. J'ai d'ailleurs le droit de faire plus de choses que d'autres filles de ma famille. Il ne m'a jamais imposé un non définitif et il accepte en général de discuter et de me donner ses arguments. Mais il n'y arrive pas toujours. Par exemple, je n'ai jamais compris pourquoi il ne voulait pas que je prenne des cours de sport. Je sais seulement qu'à cause de lui, je ne l'ai pas fait.

« Ma mère est femme au foyer. Elle est la cousine de mon père. Elle a arrêté ses études juste avant le baccalauréat, pour se marier. Je crois qu'elle en a beaucoup souffert. Elle aimait l'école. Du coup, elle accorde une grande importance aux études. Elle m'a toujours poussée. Je suis très proche de ma mère. Je lui raconte presque tout, elle est très ouverte. Je parle même de mes copains, mais pas dans les détails, bien sûr. Je n'aborde jamais la question de la sexualité avec mes parents. Pour eux, je serai vierge le jour de mon mariage. Ma mère sait qu'il y a des trucs. Mais par habitude, on n'en parle pas. Et je trouve que c'est malheureux. Il y a des choses que j'aurais aimé partager, surtout avec ma mère. »

Un vent glacé balaie la terrasse sur laquelle nous sommes installées. Le visage de Nour s'est assombri. L'entretien semble réveiller en elle des souvenirs douloureux. Je ne dis rien. Je bois mon café et j'attends.

« Quand j'avais 5 ans, un cousin me faisait des attouchements. » Elle a prononcé cette phrase brusquement, sans reprendre son souffle. « J'ai passé mon adolescence seule. Pendant des années, j'ai refusé tout contact avec des garçons. Après mon bac, je ne sais pas trop pourquoi, mais j'ai décidé d'en parler avec des copines. Ça m'a libérée. Quand c'est arrivé, j'étais tellement petite, je ne savais pas. On n'a jamais eu à discuter de ça chez nous. Je n'avais jamais entendu quelqu'un parler de sexualité. Ce que c'est qu'un attouchement, comment une femme tombe enceinte… Tout ça, il a fallu attendre le lycée pour que j'en entende parler. Et encore, c'était en cours de biologie, c'est-à-dire d'une manière très froide. Scientifique. »

Nour ne pleure pas. Rien dans son attitude ne tremble. Elle m'a avoué son secret et, étrangement, elle n'en paraît que plus forte. Je comprends que cet événement, au lieu de l'anéantir, l'a poussée à faire des choix radicaux en tant que femme.

« Au Maroc, la femme n'a pas le droit d'avoir du désir. Elle ne choisit pas. Mais moi, j'étais rebelle. Je refuse ces modèles-là. Je ne veux pas être comme mes cousines qui se sont toutes mariées très jeunes et qui ont divorcé au bout de deux ans. Je ne veux pas me marier avec n'importe qui, juste pour être normale aux yeux de la société. Je veux avoir le droit de choisir. Rester célibataire ne me dérange pas. Mais l'entourage ne te laisse pas tranquille. Si je pouvais vivre en concubinage, je n'aurais même pas pensé au mariage. Le problème, ce n'est pas que ce soit légal ou pas, c'est que la société l'accepte. C'est le regard des gens qui est le plus dérangeant. Par exemple, fumer une cigarette, c'est légal, mais tu ne peux pas le faire pour autant dans la rue. Sinon, tu te feras traiter de pute.

« L'année du bac, je sortais avec un garçon. C'était très bien, mais dès qu'il me touchait, je devenais une autre. » Elle a un brusque mouvement de recul. Elle essaie de me mimer le dégoût que ce contact physique lui inspirait. « C'était mécanique, dès qu'il me touchait, j'étais dégoûtée. Je l'ai fui pendant des années. Jusqu'au jour où je l'ai rencontré par hasard et où je lui ai raconté. À ma grande surprise, il s'est montré compréhensif. Des années après, je suis tombée follement amoureuse d'un homme. Et finalement, être amoureuse, ça aide. » Elle se met à rire, comme pour s'excuser de la naïveté dont elle croit faire preuve. « Voilà, j'étais amoureuse, c'est tout. Il savait comment s'y prendre. J'ai accepté. Et c'était bien.

« J'ai eu une relation avec un homme pendant huit ans. Dès le départ, on s'est dit qu'on ne pensait pas au mariage. On voulait apprendre à se connaître, passer de bons moments, partager des choses. Ce garçon, c'était l'exemple même du Marocain qui n'épouserait jamais une non-vierge. Quand je l'ai connu, il avait des idées très arrêtées là-dessus. En discutant avec moi, il a remis en question beaucoup de choses. Maintenant, il dit qu'il se rend compte que la virginité ne veut rien dire. Mais je crois que ce ne sont que des mots. Le poids de la société, des parents, de la religion, tout cela fait qu'ils ont beau prétendre être ouverts d'esprit et compréhensifs, dès qu'ils pensent au mariage il faut que ce soit une fille vierge.

« Beaucoup d'hommes avec qui j'ai eu des relations sexuelles étaient très égoïstes. À un moment, j'étais même dégoûtée du sexe : je lui faisais plaisir à lui, mais moi, c'est comme si je n'étais pas là. » Nour s'arrête et se met à rire. Elle bombe un peu le torse. Elle tourne la tête pour vérifier que personne ne nous écoute et se penche vers moi. « Un jour, tu sais, j'ai décidé d'être un mec. Je me suis dit, je sors en boîte, je choisis le mec que je veux et je me le fais. Voilà, j'avais besoin de faire ça, et je l'ai fait. Et c'était magnifique ! J'avais envie de lui. Il avait envie de moi. Pourquoi me retenir, qu'est-ce qui m'empêchait ? J'ai foncé et c'était bien. Je garde un souvenir incroyable de cette nuit-là.

« À la maison, nous vivons avec la cousine de mon père, une orpheline, beaucoup plus âgée. C'est la chaste par excellence, la vieille fille frustrée. Elle trouve ça pas normal que j'aie des amis hommes. Elle me dit : "Tu sors avec eux, tu leur consacres du temps, c'est normal qu'ils se lassent de toi et qu'ils ne veuillent pas se marier." Et encore, elle ne sait pas que je ne suis pas vierge ! Parfois je me dis que si elle se tapait un mec, ça lui ferait du bien. »

Des conservateurs, des gens traditionalistes, Nour en côtoie tous les jours dans son quartier, dans sa famille ou sur son lieu de travail. Ses amies n'ont pas toujours été tendres et elle cache à la plupart d'entre elles ses choix sexuels. Elle se protège.

« La religion, c'est entre moi et mon dieu. Je suis musulmane mais pas pratiquante. Tout le monde fait sa prière à la maison. Mon père est très pieux. Depuis qu'il est à la retraite, ses seules sorties sont à la mosquée. Mais il ne m'impose rien, ne me demande jamais pourquoi je m'habille comme ça ou pas. C'est vrai, il y a de plus en plus de gens qui brandissent la religion. À la fac, dans l'amphithéâtre, il y avait quatre filles non voilées sur une centaine. Et ce qui me dégoûte, c'est que ces gens ne sont même pas religieux, c'est juste une mode. Ça freine beaucoup de choses, ça rend les relations humaines difficiles. Au boulot, par exemple, je suis la seule non voilée. Je travaille dans un milieu d'hommes. Une fois j'y suis allée en jupe et j'ai eu l'impression d'être nue. C'était atroce. Je ne le referai jamais.

« Avant, l'après-midi, on faisait souvent la fête entre femmes chez l'une d'entre nous. Mais à un moment ça a changé. C'est devenu un rendez-vous religieux où tout le monde était voilé et où on me demandait sans cesse pourquoi je ne me voilais pas. Il y avait une espèce de concurrence ou de surenchère pour savoir laquelle des filles était la plus pieuse. Je ne veux pas qu'on m'impose ce truc. Ma mère est voilée, ça ne me dérange pas. Je pourrais le mettre un jour, mais ça doit venir de moi.

« Les autres filles, les vierges, elles enfoncent le désir tout au fond d'elles-mêmes », dit-elle en mimant un geste de pression vers le sol. « Elles l'oppressent.

Comme tout le monde, je connais des filles voilées qui acceptent la sodomie pour garder leur hymen. Moi, je préfère mille fois ressentir du plaisir plutôt que de faire ça sous prétexte de rester pure. Elles ne pensent même pas au plaisir, elles n'abordent jamais cette question. »

Nour a fait un choix radical. Elle a pris le contre-pied de son éducation, de sa famille, et elle vit, concrètement, dans l'illégalité. « Parfois, j'ai des crises d'angoisse, me confie-t-elle. Je me dis que peut-être je ne me marierai jamais parce que je ne suis pas vierge. Je viens d'une famille assez conservatrice et j'ai peur. Je vis dans un quartier où tout le monde se connaît et où les gens n'ont rien d'autre à faire que de parler de leurs voisins et de colporter des médisances. Comme je ne suis pas vierge, je ne pourrai jamais me marier avec quelqu'un que je n'ai pas connu avant. D'ailleurs, j'ai dit à mes parents que je refuserai toute proposition extérieure. »

En une heure, Nour est passée d'une émotion à une autre. Tantôt lumineuse, tantôt inquiète, je sens bien qu'elle n'est pas tout à fait épanouie dans son rôle de femme libérée. Elle s'arrange avec les circonstances et, le temps passant, elle a sans doute le sentiment que son célibat et ses choix de vie sont de plus en plus lourds à porter. « Je voudrais couper court aux rumeurs qui courent dans le quartier. Quand tu as couché avec un homme, il finit toujours par aller se vanter auprès des copains. Du coup, les copains se disent : "Elle l'a fait avec celui-là, donc pourquoi pas avec moi ?" Ils ne comprennent pas que lui je l'ai choisi, et que l'autre je n'en veux pas. »

Elle finit par m'avouer qu'elle est aujourd'hui avec un homme à qui elle a fait croire qu'elle était vierge. Elle ne semble pas vraiment mesurer ce que cela a de dégradant. Elle remarque mon regard étonné et ajoute, tout naturellement : « Je fais comme si je n'y connaissais rien. Je couche avec lui d'une façon merdique. Après les rumeurs qui ont couru sur moi, j'ai eu très peur. C'est mon image qui est en jeu. Je ne sais pas, je ne sais pas. » Pour la première fois, elle est au bord des larmes. « Parfois, je me dis que je vais économiser et me refaire une virginité. Je suis angoissée vis-à-vis de mes parents. J'ai peur de les décevoir. Ça me travaille beaucoup. J'ai peur de ne pas me marier et, surtout, de ne pas avoir d'enfants. Je me remets en question, je me demande si j'ai fait le bon choix. Il m'arrive même d'avoir besoin de revenir vers Dieu. Tu sais, je comprends celles qui vont vers le voile. Je ne le ferai pas, parce que je suis optimiste. Mais on ne sait jamais.

« Si mon père l'apprenait, il aurait une crise cardiaque. Ma mère, je pourrais lui dire, mais je n'ai pas envie de lui faire du mal. Et puis, avoir une vie sexuelle, c'est tellement compliqué : on est toujours chez quelqu'un, on loue un appart, à l'hôtel c'est impossible. C'est malheureux : tu n'arrives pas à vivre un truc qui pourtant est si simple ! Je ne demande pas la lune, juste vivre ce que je veux avec qui je veux ! »

*

Très ambivalentes, les autorités affichent à la fois l'ambition de se montrer modernes et ne cessent d'arguer que la société marocaine, elle, est conservatrice et tient à ses fondamentaux en termes de mœurs. Le Maroc d'aujourd'hui est traversé par des courants contradictoires, et le débat y est de plus en plus vif. Nous vivons dans une sorte de compétition culturelle où chacun essaie d'avancer ses pions, de faire bouger des lignes ou au contraire de maintenir des interdits. Dans ce contexte, les affaires de mœurs ou les débats ayant trait aux libertés individuelles et sexuelles occupent de plus en plus de place dans les médias et enflamment l'opinion publique.

Le débat autour de l'avortement, au début de l'année 2015, a été, à ce titre, assez révélateur des tâtonnements dans le domaine. Jusque-là, l'article 449 du Code pénal punissait de un à cinq ans de prison et d'une amende de 200 à 500 dirhams toute personne ayant provoqué, ou tenté de provoquer, un avortement avec ou sans l'accord de l'intéressée. L'article 454 punissait de six mois à deux ans toute femme s'étant livrée à l'avortement sur elle-même. Enfin, l'article 455 punit de deux mois à deux ans les complices d'un avortement, notamment les intermédiaires ou les vendeurs de produits abortifs. Selon l'Association marocaine de lutte contre l'avortement clandestin (AMLAC), près de 600 avortements clandestins sont pratiqués chaque jour et des centaines de femmes meurent dans des conditions atroces. Depuis des années, médecins et militants font un travail colossal pour faire connaître ces statistiques terrifiantes. Le professeur Chafik Chraïbi, figure de proue de ce combat, a largement contribué à médiatiser ce problème de société, au point de pousser le législateur à entamer une réflexion de fond.

Sous la houlette du roi Mohammed VI, médecins, psychiatres, dignitaires religieux, militants associatifs et responsables politiques se sont réunis en janvier et février 2015 pour traiter de ce problème, « dans le respect de la loi islamique ». Malgré l'espoir que ce débat a engendré, le cadre légal de l'interruption volontaire de grossesse n'a été élargi qu'au cas de viol, d'inceste et de graves malformations fœtales. « Le débat a été un moment extrêmement fort et émouvant, où différents courants de la société marocaine ont pu s'exprimer, parler parfois de leurs expériences personnelles, et où on a également pu constater que les lignes n'étaient pas aussi évidentes que ce que l'on croyait. Certains modernistes se sont montrés frileux. Des islamistes étaient plutôt favorables à une réforme. Des femmes étaient contre tandis que certains hommes y étaient très favorables. C'était, je crois, un moment important », m'explique le psychiatre Jalil Bennani, qui a participé activement aux discussions.

En réalité, le débat s'est focalisé sur un angle sanitaire pour occulter complètement la question de la liberté sexuelle et du droit des femmes à disposer de leur corps. Comme le faisait remarquer le professeur Chraïbi dans une interview à *Jeune Afrique* : « La société marocaine est schizophrène : on dit que l'on veut se moderniser et protéger les habitants, mais la question de la sexualité reste taboue. Il faut l'évoquer. Ce n'est pas un problème strictement médical. Les avortements mal faits, les septicémies, les infections, les suicides, les crimes d'honneur, les abandons et les infanticides sont un vrai problème de la société marocaine, que l'on doit résoudre une bonne fois pour toutes. » On pourrait d'ailleurs arguer qu'il paraît de toute façon impossible de légaliser l'avortement dans un pays où les relations sexuelles hors mariage sont illégales. Cela reviendrait à dire qu'une femme pourrait se faire légalement avorter mais serait ensuite arrêtée si cet enfant avait été conçu hors des liens du mariage !

À l'été 2015, j'ai eu l'occasion de rencontrer Mona Eltahawy, féministe égyptienne et autrice de l'excellent *Foulards et hymens, pourquoi le Moyen-Orient doit faire sa révolution sexuelle.* Nous avons discuté pendant des heures avec passion. Je lui ai parlé de mes conversations avec des Marocaines, de mon envie de partager ces témoignages, mais aussi de ma rage quand je constatais que ces femmes oscillaient sans cesse entre la volonté de se libérer et l'acceptation des carcans qui leur étaient imposés. Pourquoi, par exemple, étaient-elles si nombreuses à envisager de se faire refaire l'hymen ou de porter le voile alors même qu'elles s'étaient libérées de certains conditionnements ? Comment expliquer ces retours en arrière, ces sursauts de culpabilité ? Mona m'a alors rappelé cette phrase d'Harriet Tubman, grande abolitionniste américaine, qui a consacré sa vie à convaincre les esclaves de fuir les plantations pour gagner leur liberté. Elle a dit : « Si j'avais convaincu plus d'esclaves qu'ils étaient bien des esclaves, j'aurais pu en sauver des milliers d'autres. » L'émancipation, me disait-elle, est d'abord conscientisation. Si les femmes n'ont pas pris la pleine mesure de l'état d'infériorité dans lequel elles sont maintenues, elles ne feront que le perpétuer.

Nous avons aussi parlé du poids des tabous et nous étions d'accord toutes les deux sur un point essentiel : les révolutions arabes, l'émergence des classes moyennes et l'arrivée des réseaux sociaux ont permis de desserrer quelque peu l'étau du silence. Au Maroc, depuis l'accession au trône de Mohammed VI en 1999, la parole s'est considérablement libérée. Dans les médias, sur les réseaux sociaux, dans la presse ou même dans la rue, on peut désormais aborder des questions ayant trait aux mœurs, à la liberté sexuelle, à l'avortement. L'opinion publique est certes très divisée, le climat plutôt favorable aux conservateurs, mais on parle. Des faits divers qui auraient naguère été étouffés sont médiatisés et font débat au sein de l'opinion publique. Dans certains médias, les dossiers sur la sexualité sont même devenus des incontournables. *Femmes du Maroc*, magazine féminin lancé en 1995, s'était fait remarquer pour ses fameuses pages noires dans lesquels les journalistes abordaient assez crûment des problématiques sexuelles. Aujourd'hui, de nombreux hebdomadaires consacrent des unes à des sujets comme l'homosexualité, l'épanouissement sexuel des Marocains, la pornographie, etc.

La société marocaine reste néanmoins une société assez prude sur toutes ces questions. Dans mon enfance, je me souviens par exemple que, à la télévision ou au cinéma, on avait souvent du mal à comprendre l'intrigue d'un film parce que toutes les scènes de sexe et même les baisers étaient coupés.

Il serait injuste de dire que la société marocaine est intrinsèquement puritaine ; la tendresse, la séduction, l'humour sont valorisés dans la culture populaire. Mais il est certain que, depuis une trentaine d'années, l'influence du wahhabisme, d'un islam sans âme, a abîmé ce qui à mes yeux constitue la culture traditionnelle.

Au Maroc, il est impensable de s'embrasser dans la rue ou de manifester en public des marques d'affection. La première fois que je suis venue à Paris, je devais avoir une dizaine d'années et je me souviens encore d'avoir été littéralement stupéfaite par ce couple qui s'embrassait en pleine rue, indifférent aux passants qui d'ailleurs ne les regardaient pas. Au Maroc, c'était une chose totalement inimaginable et potentiellement dangereuse. C'est ce qu'ont expérimenté deux adolescents originaires de Nador, une ville réputée conservatrice du nord-est du royaume. En 2013, un garçon et une fille, de 15 et 14 ans, postent sur Facebook une photo sur laquelle ils s'embrassent. Suite à la plainte d'une ONG locale, ils sont arrêtés, ainsi que l'ami qui a pris la photo, et poursuivis pour « atteinte à la pudeur » et « publication de photos compromettantes ». Ils sont détenus pendant trois jours dans un centre pour mineurs à Nador. Leur arrestation a immédiatement enflammé les réseaux sociaux, où de nombreux jeunes, en signe de rébellion contre l'état d'esprit conservateur, ont à leur tour posté des photos de baisers. Le Mouvement alternatif pour les libertés individuelles (MALI) ainsi que d'autres mouvements issus du 20 février ont même organisé un *kiss-in* devant le Parlement, à Rabat. Sous la pression populaire, les autorités judiciaires de Nador ont été contraintes de libérer les trois adolescents.

Mais le fait divers qui a sans doute fait couler le plus d'encre est l'affaire Amina El Filali. En mars 2012, cette jeune fille de 16 ans se suicide à Larache, près de Tanger, en ingurgitant de la mort-aux-rats. Après avoir été violée par un ami de sa famille, elle est mariée à son violeur dans le cadre d'un arrangement entre sa famille et celle du criminel. L'opinion publique découvre alors le scandaleux article 475 du Code pénal selon lequel un violeur qui épouse une femme violée ne peut plus être poursuivi par la justice. Selon la loi, le détournement de mineur est puni d'une peine de un an à cinq ans de prison et d'une amende de 200 à 500 dirhams (18 à 45 euros). Mais c'est le reste de l'article qui a fait débat : « Lorsqu'une mineure nubile ainsi enlevée ou détournée a épousé son ravisseur, celui-ci ne peut être poursuivi que sur la plainte des personnes ayant qualité pour demander l'annulation du mariage et ne peut être condamné qu'après que cette annulation du mariage a été prononcée. » À l'archaïsme de la loi marocaine s'ajoute l'inhumanité de certaines réactions, dont celle de la ministre islamiste Bassima Hakkaoui, qui utilise l'argument éculé de l'ingérence occidentale pour se justifier : « L'article 475 du Code pénal ne risque pas d'être abrogé du jour au lendemain sous la pression de l'opinion publique internationale. Parfois le mariage de la violée à son violeur ne lui porte pas un réel préjudice. »

Des manifestations sont organisées. Des femmes brandissent des portraits de la jeune femme suicidée et disent leur révolte quant à la condition de la femme. Sur les réseaux sociaux, l'affaire enflamme l'opinion publique. La mobilisation de la société civile ne sera pas vaine puisque, deux ans après le suicide de la jeune fille, le paragraphe incriminé sera abrogé par le Parlement.

La réforme du Code pénal, en chantier depuis 2015, ne comporte pas d'avancées significatives sur le plan des libertés individuelles et encore moins des droits sexuels. Quelques militants féministes et des défenseurs des droits individuels osent affirmer publiquement la nécessité d'abroger l'article 490 du Code pénal, qui interdit les relations sexuelles hors mariage. Certains héritiers du mouvement du 20 février, né dans le sillage des printemps tunisiens et égyptiens, ont mis la dépénalisation des relations sexuelles dans leurs agendas. Le Mouvement alternatif pour les libertés individuelles, fondé en 2009 par Zineb El Rhazoui et Ibtissam Lachgar, se bat sans relâche sur ce terrain et celui des droits pour les homosexuels. Khadija Ryadi, présidente de l'Association marocaine des droits humains (AMDH), a elle aussi dénoncé l'hypocrisie d'État : « Nous savons tous que les relations sexuelles en dehors du mariage sont courantes au Maroc. Le fait que tout cela soit caché favorise les abus et les atteintes aux libertés individuelles. »

L'ancienne ministre du Développement social, de la Famille et de la Solidarité, Nouzha Skalli, s'est insurgée avec courage contre le maintien de cet article et contre l'hypocrisie de nos dirigeants. « La réalité sociale, qu'on ne peut ignorer, est en totale contradiction avec cet article : pour appliquer cette loi, il faudrait construire des dizaines de nouvelles prisons pour contenir des milliers de personnes. » Pour l'avocat Youssef Chehbi : « Nous vivons dans un système où nous sommes tous des hors-la-loi et, de ce fait, nous avons peur et nous n'agissons pas. Le truc, c'est de ne pas se faire prendre ! » Pour lui, il ne s'agit ni de morale ni de religion. « La morale, c'est toujours la morale des autres, comme disait Ferré. Et de toute façon, le droit et la morale sont deux choses différentes. Aujourd'hui, nous avons besoin de clarification. Nous sommes une génération bâtarde parce que nous sommes les héritiers d'un système archaïque et, en même temps, nous avons vécu une révolution technologique extraordinaire. En moins de cinquante ans, nous sommes passés de l'âge de pierre à la modernité. Or, le seul moyen de lutter contre cet ancrage archaïque, qui provoque misogynie, homophobie, etc., c'est de former la jeunesse et, surtout, de regarder en face nos contradictions. »

De l'autre côté, les islamistes campent sur leurs positions. « Tout acte sexuel hors mariage est considéré comme un acte de débauche, un crime. Ces philosophies permissives qui sont nées en Europe ont-elles amélioré les relations sociales et familiales dans ce continent ? Je ne le pense pas », a affirmé le député Abouzaid El Mokri.

Lors du Forum de *L'Économiste*, le 29 juin 2015, alors qu'on l'interrogeait sur une éventuelle légalisation des relations sexuelles hors mariage, le ministre de la Justice, l'islamiste Mustapha Ramid, a répondu : « Si elles sont légalisées, je démissionne. Toutefois, nous n'allons pas commencer à entrer dans des maisons où il y a un couple qui vit. Si les voisins ne se plaignent pas à la justice parce qu'un couple non marié les dérange, ces derniers ne seront jamais incriminés. » Étrange vision d'un ministre de la Justice qui fait reposer l'application des lois sur la délation et les relations de voisinage. Le raisonnement est fallacieux, néanmoins on ne manquera pas de noter qu'il est assez nouveau qu'un ministre de la Justice ou un Premier ministre islamiste aborde les thèmes de la sexualité hors mariage, ou même de l'homosexualité, sans verser dans la diatribe haineuse.

Car, sur ces questions, le débat est généralement très tendu. Lors d'une émission sur la chaîne satellitaire Mayadin en juin 2012, le journaliste Mokhtar Laghzioui, rédacteur en chef d'*Al-Ahdath al-Maghribia*, a eu l'extraordinaire courage de s'exprimer en faveur de la liberté sexuelle. « Liberté sexuelle, dites-vous ? » lui avait rétorqué la journaliste Lina Zahreddine, « même s'il s'agit de votre mère, de votre sœur, de votre épouse ? »

« Elles ont le droit de disposer de leur corps », répondit Laghzioui.

Il n'en fallait pas plus à Abdellah Nhari, un prédicateur extrémiste d'Oujda connu pour ses violentes critiques, pour appeler au meurtre du journaliste, traité de cocu et de traître. Comme me le faisait remarquer la journaliste Sanaa El Aji, si c'était une femme qui avait défendu la liberté sexuelle de son fils ou de son frère, cela n'aurait sans doute pas donné lieu à une telle levée de boucliers… Car en termes de liberté sexuelle, le machisme dominant crée évidemment deux poids et deux mesures.

ZHOR

« Libérez le sexe ! »

Zhor et moi sommes entrées en contact par Internet. J'étais au Maroc pour présenter mon roman et elle avait entendu parler de mon travail. J'avais également entendu parler d'elle, par une amie commune. Nous nous sommes donné rendez-vous à Rabat, devant la gare. Sur le quai, j'ai vu arriver une jeune femme aux cheveux très courts, habillée à la dernière mode. Elle dégageait une grande assurance. Sa façon de se déplacer, de s'adresser aux gens, tout en elle tendait à prouver qu'elle s'était battue pour se faire une place. Et qu'elle était bien décidée à se faire respecter. Nous nous sommes assises sous les arbres, dans le jardin d'un petit hôtel situé aux abords de la gare. Zhor n'est pas du genre à se perdre en amabilités. Elle voulait directement entrer dans le vif du sujet.

« J'ai 28 ans et je suis célibataire, m'explique-t-elle. Cela me va très bien et je n'ai aucune intention de me marier. Ou plutôt si, je le ferai peut-être par intérêt. C'est un business comme un autre, non ? » Je m'étonne de son manque de romantisme. De la façon, un peu provocante, qu'elle a d'aborder le sujet des hommes. Elle se ravise. « J'ai déjà été amoureuse, c'est vrai. Mais moi, je voudrais vivre avec la personne, être libre de construire mon couple. C'est pour ça que je veux absolument quitter ce pays. J'en ai marre de pisser contre le vent. Je préfère me barrer. »

Zhor vient d'un milieu pauvre. Elle a quatre sœurs et un frère. Son père, aujourd'hui retraité, avait un petit boulot de gardiennage dans une société. Sa mère n'a jamais travaillé et a élevé les enfants.

« Mon père était ultra-conservateur. Quand j'étais au lycée, je me suis épilé les sourcils. Il était en train de faire sa prière, il s'est arrêté et il m'a dit : "Tu les fais repousser, j'ai l'impression de regarder une pute !" Je me souviens même de cet épisode ridicule où il s'est mis en colère parce que deux de mes peluches étaient enlacées dans une attitude qu'il jugeait inconvenante. En même temps, je sais qu'ils n'ont pas toujours été aussi conservateurs. Mon père n'a commencé à faire la prière qu'à 43 ans.

« Ma mère n'a jamais travaillé. Elle porte le voile parce que mon père l'a obligée. C'est une femme très docile. Moi, je l'ai toujours considérée comme une victime. Elle a épousé mon père à 16 ans pour échapper à son frère qui était extrêmement violent. Il lui a dit de mettre le voile, le pantalon sous la djellaba, pas de maquillage, même pas une crème de soin.

« Toute mon enfance, on m'a répété que coucher était mal, mais ça ne m'est jamais rentré dans la tête. Et le hasard a voulu que ma première fois soit un viol, par trois hommes, quand j'avais 15 ans. J'allais du lycée au cours du soir. Le premier m'a fait entrer dans une pièce. Il m'a enfermée. Je n'ai rien compris. Un autre mec est rentré et il m'a violée. J'étais vierge et j'ai perdu du sang, ce qui l'a étonné, je crois. Il a éjaculé dans mes mains. Pour eux, j'étais une pute. Le troisième a terminé le travail. Je me suis levée et rhabillée. J'ai pris le bus et je suis rentrée chez moi. À l'époque, je crois que j'avais plus peur de mes parents ou de la société que du viol lui-même. Je me disais qu'on allait me séquestrer, qu'on m'accuserait de les avoir provoqués. Je l'ai raconté à des copines au lycée, ça s'est propagé. Ça a été terrible pour mon image dans le quartier.

« Le viol est très courant. Surtout chez les filles qui ont déjà une sexualité. Les hommes ne comprennent pas la différence entre le fait d'avoir une sexualité et le fait de consentir à un acte sexuel. Et puis, ce qui joue en leur faveur, c'est qu'ils savent que les filles ne porteront pas plainte.

« Trois ans après, je couchais sans savoir comment on couchait. Je faisais ça comme ça, n'importe comment, machinalement. Aucun homme ne m'a jamais appris à m'aimer ou à connaître mon corps. À 18 ans, j'ai compris ce qu'était un clitoris. J'étais avec un garçon qui ne voulait pas mettre une capote. Du coup, j'ai refusé la pénétration. On s'est frottés l'un à l'autre, et là, j'ai compris que j'avais quelque chose qui pouvait me donner du plaisir. Je suis rentrée chez moi et, pendant une semaine, je n'ai rien fait d'autre que de me masturber. J'avais l'impression d'avoir fait la découverte du siècle : un truc gratuit, que tu peux faire seule. »

Difficile de savoir ce que pense vraiment Zhor. Elle prend du plaisir à choquer, à parler sur le même ton de son viol ou de sa découverte des plaisirs de la masturbation. Je sais bien qu'il y a une part de jeu là-dedans. Qu'elle se protège du regard des autres en affirmant haut et fort y être indifférente. Je sais aussi que tout ce qui vous pousse à l'extérieur du cadre est d'une telle violence qu'on retourne ensuite cette violence contre les autres. Zhor a en tout cas une chance. Elle a vécu entourée de sœurs dont elle semble très proche et avec qui elle a beaucoup partagé.

« Avec mes sœurs, nous étions des dévergondées. Quand les paraboles ont commencé à se multiplier dans le quartier, on s'est mise à regarder des films pornos sur les chaînes allemandes. Moi, je faisais le guet pour éviter que nos parents nous surprennent. Ensuite, on a passé des heures devant Venus TV. On regardait ça à cinq heures en buvant le thé avec ma mère. Ma mère a quitté l'école très jeune, elle n'a rien appris. Pour elle, le sexe, c'est tellement tabou qu'elle s'est sans doute dit : "Je les laisse apprendre ailleurs ce qu'on ne m'a jamais appris." Avec elle, on n'a jamais parlé de sexe, ni même de contraception. D'ailleurs, elle n'y connaît rien ! Un jour, c'est moi qui lui ai expliqué que la pilule, ça se prenait tous les jours, et pas quand on veut. Si elle l'avait su avant, peut-être qu'elle n'aurait pas eu tous ces enfants.

« Mes parents sont très attachés à la virginité. Quand mes sœurs se sont mariées, les familles de leurs époux ont réclamé un certificat de virginité que mon père était très fier de leur tendre. Du coup, ma sœur m'a expliqué ce que c'était. Elle m'a fait des dessins, elle m'a raconté. »

Quand je lui demande comment une jeune femme comme elle s'émancipe dans un univers familial comme le sien, elle se met à rire. « Il faut dire que je lisais beaucoup. D'ailleurs, je dois une chose à mon père : tous les samedis il m'emmenait emprunter des livres. Je choisissais souvent des livres sur l'anatomie, le corps humain. Il croyait que j'allais devenir médecin et ça lui plaisait. Il m'a toujours laissée choisir ce que je voulais. Et puis, ils ont compris que j'étais indomptable sur certaines choses. Ils ont beau être très conservateurs, ce sont des gens intelligents. On ne m'a jamais obligée à faire des prières. Mon père refuse catégoriquement que je mette le voile, parce qu'il sait que ce serait un frein dans ma carrière.

« J'étais dans un collège de filles où ça parlait énormément de sexe. Le porno était très présent. Dans ce quartier populaire, les filles sortaient avec des caïds du quartier. Des mecs qui venaient d'être libérés de prison et qui roulaient des mécaniques. À la fac, j'ai vécu un an à la cité universitaire. C'était très instructif. Je me suis rendu compte que tout le monde, je dis bien tout le monde, baise. Même les filles entièrement voilées baisent. L'important, c'est d'être discret. En public, les filles le nieront toujours. Je n'en ai pas connu beaucoup qui aient un esprit militant. Elles tiennent des doubles discours, selon que ce soit leur famille ou leurs amis. Elles s'arrangent comme elles peuvent.

« À la faculté, j'ai l'impression que le sexe était presque toujours instrumentalisé. Les voilées baisaient en perspective d'un mariage. D'autres se prostituaient pour payer leurs études et leurs achats. Dans la chambre à côté de la mienne, il y en avait trois. Elles assumaient complètement. La nuit, elles sortaient de la cité grâce à la complicité du gardien. Et le week-end, quand leurs parents venaient les chercher, elles remettaient leurs voiles et leurs manteaux jusqu'aux chevilles. Je me souviens qu'elles utilisaient des méthodes vraiment obsolètes pour se protéger des maladies, des trucs de grand-mère sans aucune efficacité. De toute façon, la MST la plus redoutée au Maroc, ce sont les bébés. »

Zhor me semble vraiment représenter une partie de la jeune génération marocaine qui a pris son parti de la schizophrénie ambiante. Comme beaucoup de gens de son âge, elle s'adapte aux circonstances et aux différents milieux qu'elle fréquente. Surtout, elle est consciente de faire partie d'une des premières générations de femmes à connaître une vraie ascension sociale, à vivre seule dans une grande ville et à faire le choix de son conjoint. Un mode de vie somme toute nouveau dans ce pays et en partie réservé au monde urbain.

« Ma génération a grandi avec Internet. À force, j'ai l'impression qu'on a un peu oublié ce qui se passe autour de nous, dans notre quartier, dans notre pays. On vit de manière virtuelle. En tout cas, ce qui est sûr, c'est que le sexe n'est pas un luxe. Quels que soient leurs revenus, les gens ont une sexualité. Quand je repense à l'affaire du baiser de Nador, je me dis qu'on est moins des conservateurs que des complexés. L'amour, la tendresse sont aussi tabous que le sexe. Un jour, devant un film, je me suis mise à rire : "Le garçon est amoureux de la fille !" Mon père m'a giflée en me disant que c'était mal élevé de dire ça. J'ai grandi avec l'idée que l'amour mène automatiquement au sexe et que toutes les démonstrations d'amour sont du sexe. Mes parents n'ont jamais manifesté un seul geste d'amour. »

Pour Zhor, le fait de ne pas faire évoluer la législation est un choix politique plus que moral ou religieux. « On maintient les gens frustrés, comme ça, leur principal souci, c'est de savoir avec qui et comment ils vont baiser plutôt que de se rebeller contre leur condition de vie. Ce matin, en sortant ma chienne, j'ai vu un type sortir d'un égout dans lequel il dort. Je vous assure, dans le quartier où j'ai grandi, quand le prix de la semoule augmente d'un dirham, les femmes renoncent au couscous du vendredi. On vit entouré par une immense pauvreté et on ne se rebelle pas. Le simple fait de trouver un lieu où faire l'amour demande une organisation incroyable. Avant, avec mon mec, on baisait dans les toilettes. On n'avait pas les moyens de louer un appartement ou des chambres d'hôtel. Un jour, à la plage, un flic est venu quand j'enlaçais mon ami. Il s'est mis à m'insulter. Il m'a demandé si mon père était au courant de ce que je faisais. Je lui ai dit que mon père s'en fichait et qu'il pouvait m'emmener au poste s'il le voulait. Je savais que la question allait se régler avec 100 dirhams. C'était ridicule.

« Pour beaucoup d'hommes, une femme se résume à un vagin dans lequel tu te masturbes. Les filles sont très crues, très trash quand elles parlent de sexualité. On parle beaucoup plus précisément de sexe que les garçons. On se met en garde, on se donne des bons plans. On est solidaires. Il faut dire que les hommes profitent beaucoup de la situation et qu'une grande partie d'entre eux ne supporte toujours pas que les femmes soient devenues autonomes. À la fac, le directeur des affaires estudiantines m'avait demandé pourquoi je fumais dehors. Pour lui, c'était un affront, alors qu'en même temps les garçons fument des pétards dans le foyer, devant tout le monde. Ce qui me fait chier, c'est qu'il y a des chapitres entiers dans le Code pénal sur la moralité et que tous concernent les femmes.

« Rien que le fait de chercher un appartement quand on est une femme seule relève du parcours du combattant. Mes parents ne s'y sont pas opposés. À partir du moment où j'ai gagné ma vie, j'ai arrêté de demander leur avis. Mais j'ai mis trois mois pour trouver un propriétaire qui accepte de louer à une célibataire. À chaque fois, ils trouvaient des excuses. En réalité, ils ont peur des rumeurs du quartier. Ils imaginent qu'une femme seule va faire entrer des hommes ou ouvrir une maison close. On m'a même demandé une autorisation écrite de mon père. Mais je gagne deux fois plus que mon père, c'est ridicule !

« Dans ce pays, tu ne peux pas porter ce que tu veux, alors qu'il y a partout des affiches publicitaires avec des filles à moitié nues. Mais toi, à 21 heures, tu ne sors pas. La rue ne t'appartient pas. Tu es toujours un intrus dans l'espace public. C'est vrai qu'il est beaucoup question de sexe à la radio et dans la presse féminine. Ça se fait dans le cadre légal : on parle de certaines choses, mais il y a des limites.

« Aujourd'hui, il y a quelques associations et quelques militants qui osent aborder ces sujets. Certains mouvements parlent même de libérer l'homosexualité. Mais libérez le sexe déjà ! »

FATY BADI

« Les Marocains sont à la fois coincés et totalement obsédés par le sexe »

Pendant l'année 2012, chaque dimanche, Faty Badi, accompagnée du sexologue Doc Samad, a animé une émission de libre antenne sur Hit Radio. *On t'écoute* était un magazine hebdomadaire, diffusé de 22 heures à minuit. La jeune femme recevait appels, e-mails et SMS de jeunes auditeurs de tout le pays, désireux de partager leurs soucis, et de recevoir des conseils.

« Les auditeurs avaient tous un point commun : une méconnaissance profonde de leur corps, surtout lorsqu'il s'agit de pratiques sexuelles. Les jeunes hommes marocains vivent un véritable casse-tête. Ils sont encouragés très tôt à avoir une vie sexuelle mais, en même temps, personne ne leur explique comment cela doit se passer. Il n'y a pas d'éducation sexuelle dans notre système scolaire, ce qui génère beaucoup d'angoisse chez les jeunes.

« Je me suis vite rendu compte que notre émission avait un véritable objectif pédagogique. Mais l'ampleur du travail à accomplir m'a complètement dépassée. Je me suis laissé dévorer par ce job et par toutes les histoires, souvent tragiques, qu'il m'a été donné d'entendre. Au Maroc, les gens n'ont pas l'habitude de faire usage de la parole en public. Du coup, ils appellent et déballent tout, sans aucun filtre. Nous recevions jusqu'à 3 000 appels par soir ! Certains nous ont raconté en détail leurs maladies sexuellement transmissibles. D'autres nous ont décrit les viols, les violences ou les mariages forcés qu'ils ont subis. Ils attendaient que nous leur trouvions des solutions, ce qui était impossible bien souvent.

« Mon pire souvenir est celui d'une jeune fille, originaire de Kenitra, qui avait à peine 13 ans. Elle nous a raconté que son père l'avait donné à un de ses amis. Ils ont menti au juge sur l'âge de la jeune fille afin de pouvoir conclure le mariage. La fillette nous disait : “J'ai envie d'aller au collège et de jouer avec mes amis, est-ce que vous pourriez appeler mon mari ? Je sais qu'il fréquente des femmes de son âge, parfois même il les amène à la maison. Moi, je regarde du porno, j'aimerais bien lui plaire, mais il ne veut pas me toucher." Cela m'avait bouleversée. Nous avions beaucoup d'appels de ce genre venant des petites villes, qui n'ont que ça comme distraction.

« Les jeunes, grâce à Facebook, n'ont pas le même rapport aux interdits et aux tabous. Les radios libres ont aussi participé à cette libération de la parole. Quand on tend l'oreille, on se rend compte que le rapport au sexe est très décomplexé. On est même obligé de les recadrer. C'était ahurissant de voir les tabous exploser comme ça. Un père nous appelait en nous disant que sa fille n'était pas épanouie sexuellement et qu'il voulait lui donner des conseils.

« On a aussi noté beaucoup de violences sexuelles, de femmes battues et violées. Les audiences explosaient et il y avait évidemment un certain voyeurisme chez ceux qui nous écoutaient. Dans tous les médias, le sexe est devenu un business. Il y a même des émissions religieuses où des imams douteux donnent des conseils. Des herboristes et des charlatans ont flairé le bon filon. La société est très prude, conservatrice, et en même temps complètement obsédée par le sexe et par la performance. Les gens souffrent d'un véritable dédoublement. Les Marocains sont de grands consommateurs de pornographie mais aussi des adeptes de sites de rencontre ou de tchat cochon. Néanmoins, le rapport à la sexualité est très naïf, même chez les couples mariés. J'ai discuté avec des femmes, pourtant éduquées, qui n'avaient jamais vu un gynéco et qui croyaient qu'elles pouvaient attraper le sida en buvant quelque chose.

« Ce qui me désespère, c'est l'atonie des modernistes. Ils ne veulent pas sacrifier leur confort et leurs privilèges. Personne ne bouge. Il y a des bouffées de conservatismes mais auxquels on ne parvient pas à répondre. Les extrémistes n'ont pas de limites, ils sont à la fois convaincus et très actifs : quand on voit ces gens manifester devant la maison d'un homosexuel ou bien cet avocat qui intente un procès à Jennifer Lopez, je suis atterrée (voir le chapitre « Une société au bord de la crise de nerfs : le fol été 2015 », p. 95). Et puis nous avons un rapport extrêmement compliqué avec l'Occident, qui est à la fois un modèle et un repoussoir. Je crois que nous souffrons d'un terrible complexe d'infériorité par rapport à l'Europe.

« Toute cette frustration sexuelle entraîne de la violence et de la méchanceté dans les relations sociales. Tout le monde ment et dissimule, et les relations sexuelles peuvent devenir un moyen d'exercer une pression sur quelqu'un. Il y a, par exemple, des hommes malveillants qui, à la fin d'une relation, mettent à nu l'intimité d'une jeune femme, l'humilient publiquement et détruisent sa réputation. Il n'est pas rare non plus que les filles se dénoncent entre elles ou se menacent de briser leur réputation. Les filles sont poussées à mentir constamment et à jouer les saintes-nitouches. Combien de fois ai-je rencontré des femmes voilées, très coincées, qui s'avéraient être les maîtresses d'hommes mariés ?

« La lutte féministe de l'âge de nos mères s'est essoufflée, mais la relève n'a pas encore été prise. Il faut absolument s'attaquer à la loi, à l'appareil législatif. Il faudrait dénoncer tout ce système, mais le problème, c'est qu'on vit constamment dans l'illégalité. Si quelqu'un m'en veut, il pourra toujours trouver un moyen de m'atteindre et je me ferai arrêter. Nos mœurs nous poussent dans l'illégalité. Du coup, on ne peut pas aller jusqu'au bout dans nos combats. Parce qu'on a peur. »

Une société au bord de la crise de nerfs : le fol été 2015

Présenté à la Quinzaine des réalisateurs à Cannes, le film de Nabil Ayouch *Much Loved* déclenche d'emblée une polémique extrêmement violente. Il aura suffi que fuitent quelques images de ces quatre amies prostituées à Marrakech pour provoquer la colère de la foule, puis des pouvoirs publics. Le film, son réalisateur et les actrices ont été l'objet d'insultes et de menaces de mort. Le ministre de la Communication a décidé, sans même avoir vu le film, de l'interdire de sortie au Maroc. Son but : protéger l'image vertueuse et totalement irréaliste de la femme marocaine, à laquelle le film de Nabil Ayouch aurait porté atteinte. Au Maroc, quand on vous montre votre reflet, vous cassez le miroir.

Une semaine après le début de la polémique, je suis allée rencontrer Nabil Ayouch. Malgré la violence de ce qu'il vit, il est très calme, posé. Nous discutons dans ses bureaux, situés dans un quartier populaire de Casablanca.

« Quand tu vois ta femme comme une machine à procréer, qui n'est pas censée avoir de plaisir et dont le corps est quasiment ta propriété, comment veux-tu avoir un rapport sain à la sexualité ? Les hommes marocains refoulent, ils sont frustrés. Tout ce qui a trait à l'appétence, au désir, est rejeté parce qu'on a appris aux gens à le diaboliser.

« Du coup, quand on met les gens face à cette image, ils réagissent de manière extrêmement violente. Je crois que ce que les gens ont vu dans mon film les a fait souffrir. Ce sont leurs propres frustrations qu'ils ont vues. Au quotidien, on leur impose de jouer un rôle et, finalement, ils ne supportent pas qu'on leur ôte leur masque.

« Évidemment, le thème de la prostitution est très tabou. Mais je crois que ce qui a choqué, c'est surtout l'aspect social de cette activité, à savoir le fait que des milliers de familles vivent de ça. Des milliers de prostituées sont des soutiens de famille, et en même temps on les considère comme des parias. Elles sont rejetées, moquées, cachées. Nous sommes dans une impasse. Nous nous drapons dans une fausse vertu alors que notre système, en interdisant les relations sexuelles, favorise la marchandisation du corps, la violence et l'instrumentalisation du corps de la femme.

« Le sexe est devenu une nouvelle ligne rouge. Les Marocains oscillent entre le fantasme et la détestation. Nous sommes le cinquième consommateur mondial de pornographie sur Internet, et en même temps les gens appellent continuellement à la décence. Il y a 160 000 personnes qui sont allées voir Jennifer Lopez, un million et demi de Marocains ont regardé le concert à la télévision, et ensuite ils l'insultent sur Internet parce qu'elle était habillée de manière trop provocante. Aujourd'hui, on fait face à une opposition en termes identitaires : le sexe, c'est l'autre, l'Occident décadent, alors que l'identité marocaine et musulmane s'apparenterait à la vertu et à la pudeur. Mais on oublie tout. On oublie que c'est nous, les Arabes et les musulmans, qui avons au XVe siècle choqué l'Occident par nos écrits érotiques. On a inventé l'érotologie. Nous sommes devenus amnésiques.

« J'ai fait le choix d'une "anthropologie inversée" : mes personnages sont certes des prostituées mais en même temps elles ont pris le pouvoir. L'homme y est un personnage presque secondaire. Il est à leur service, émasculé. Ce qui a dérangé, ce qui a même bouleversé les spectateurs, c'est le fait que l'homme ne soit qu'un personnage périphérique. L'homme est blessé dans sa virilité, et c'est pour cela qu'il déverse une telle haine. »

Pour écrire ce film, Nabil a fait un long travail d'enquête. Pendant près d'un an et demi, il a rencontré des centaines de prostituées qui lui ont raconté leur histoire. Il a parlé avec des filles qui se prostituent auprès d'ouvriers de chantier et qui sont payées en légumes. Il en a rencontré d'autres qui prennent 100 000 dirhams pour une nuit et qui roulent en berline de luxe.

« Elles m'ont raconté des scènes bestiales, affreusement humiliantes. Ce qui en ressort est absolument pathétique, décadent, horrible. Ça m'a terriblement choqué. J'ai ressenti une profonde tristesse pour ces femmes. Aujourd'hui, la sexualité est partout : elle est entrée dans les foyers à travers la télévision, les réseaux sociaux, le porno. En même temps, il y a un tel niveau de conservatisme que cette sexualité ne me semble pas épanouissante. Aujourd'hui, même une phrase, un mot, une jupe trop courte font débat. On encourage une version plus vertueuse de la femme. Ça a régressé et les réseaux sociaux sont un formidable amplificateur de voix pour les frustrés et les conservateurs.

« Pendant la polémique sur mon film, les associations féminines ont brillé par leur silence : se joue pourtant l'avenir de leurs filles, de leurs enfants. Depuis trop longtemps les associations féministes répugnent à s'emparer de sujets clairement "sexuels". Elles ont peur d'être accusées de vouloir dépraver la société marocaine et elles ont fini par abandonner ce terrain, pourtant essentiel.

« Le culte de la pureté est une violence. On met la femme sur un piédestal complètement factice en la traitant de bijou, qu'il faudrait protéger des regards malveillants des hommes. Mais finalement, quelle image les hommes ont-ils d'eux-mêmes ? »

Le soir même, j'ai rencontré le réalisateur Noureddine Lakhmari, qui a pris immédiatement la défense de Nabil Ayouch dans les médias et sur les réseaux sociaux. Pour les Marocains, Nourredine Lakhmari est celui qui a fait entrer Casablanca dans le cinéma contemporain. Dans *Casanegra*, il a filmé les bas-fonds de la ville blanche, les bars glauques, les prostituées. Il a raconté les amours interdites, il a mis en image une sexualité violente, clandestine, honteuse. « Selon moi, le problème, c'est qu'on ne parle pas d'amour. Au Maroc, les gens ont peur de la beauté, de la tendresse. On regarde toute la journée des vidéos de Daesh, des meurtres en direct, et on ne supporte pas de regarder un baiser à la télévision. Notre rapport à ce qui est pornographique est très étonnant. Nous ne supportons pas un film comme *Much Loved* alors que tout le monde sait que c'est exactement ce à quoi ressemble notre société. »

Pour l'écrivaine Sonia Terrab (autrice de *Shamablanca* et *La révolution n'a pas eu lieu*), « il y a une révolution sexuelle, mais cachée. Il faut juste la sortir au grand jour. Ici, on n'est libre que dans des espaces fermés. On paie pour être libre, pour pouvoir boire en paix et s'habiller comme on veut. »

Cet été-là, j'étais à Rabat, pour de paisibles vacances familiales. Tout le monde parlait de l'affaire *Much Loved*. Certains s'indignaient de la censure dont le film avait été l'objet. D'autres considéraient que le Maroc n'avait pas à autoriser la diffusion d'un film pornographique, portant atteinte à l'image du pays. Dans les taxis, les cafés, dans le tramway ou dans des dîners mondains, j'ai parfois eu du mal à garder mon calme face aux arguments de certaines personnes qui, pour la grande majorité, n'avaient pas vu le film.

Le festival Mawazine, qui se tient chaque année à Rabat et qui attire des centaines de milliers de spectateurs, aurait dû nous changer les idées. Mais cette année-là, il a plutôt mis le feu aux poudres. Depuis toujours, ce festival de musique est dans le collimateur des islamistes. Ils lui reprochent non seulement d'être trop dispendieux, mais de produire des artistes décadents qui auraient une influence néfaste sur les mœurs de la jeunesse. En 2010, Mustapha Ramid, alors président du groupe parlementaire islamiste, s'insurgeait contre la venue d'Elton John, accusé d'« encourager l'homosexualité au Maroc ». Le journal officiel du parti, *Attajdid*, avait même évoqué un complot pour « homosexualiser » le pays. Elton John s'est finalement produit, pour le plus grand bonheur des spectateurs. L'année suivante, Bassima Hakkaoui, alors députée du Parti de la justice et du développement (PJD), s'en est prise à la chanteuse colombienne Shakira, dont elle jugeait le spectacle « pornographique ».

À l'été 2015, c'est le concert de la star américaine Jennifer Lopez qui a provoqué la polémique. Sur scène, la chanteuse, qui porte un body, est entourée de danseuses elles-mêmes assez dénudées et dont les déhanchés sont très suggestifs. Plus de 100 000 personnes ont assisté au concert et plus du double ont regardé la retransmission sur la chaîne de télévision 2M. Dans les heures qui ont suivi, des internautes inondent les réseaux sociaux, critiquant la teneur pornographique du spectacle. Le ministre marocain de la Communication, Mustapha El Khalfi finit par publier un communiqué dans lequel il affirme que « ce qui a été diffusé est inacceptable et contraire au droit de radiodiffusion ».

Pire, une plainte pour outrage à la pudeur est déposée contre la star, par un plaignant inconnu. Il lui reproche d'avoir « dansé et chanté des chansons d'une bassesse et d'un mauvais goût indéniables, avec des gestes et attitudes suggestives attentatoires à la pudeur et aux bonnes mœurs. Le tout en présence d'un public majoritairement composé de mineurs et de mineures ». Le 5 juin, près de 150 membres du mouvement de la jeunesse du PJD ont également manifesté devant le Parlement. Le nom de Jennifer Lopez est sur toutes les lèvres. Des anonymes appellent à jeter dehors ce suppôt de Satan adepte de la luxure ! Quant à moi, je suis abasourdie. Je m'étonne d'entendre, dans la bouche de certains bourgeois, qui se réclament d'idées progressistes : « Elle n'a qu'à faire ça chez elle. Ici, on ne se comporte pas comme une pute. »

Quelques jours après, j'engage la conversation avec Rachid, un monsieur qui travaille dans le quartier et qui s'occupe notamment de l'entretien des jardins. C'est un homme très doux, très gentil, qui m'a toujours parlé avec beaucoup de déférence. Je sais qu'il est marié, qu'il a une petite fille et qu'il vit très modestement, en accumulant les petits boulots. Il ne parle jamais de religion, n'arbore aucun signe ostentatoire de piété. Nous nous mettons à parler du festival, de l'ambiance survoltée des derniers jours. Et là, à mon grand étonnement, Rachid perd son calme : « Si j'avais su, me dit-il, nous y serions allés avec des copains et nous l'aurions tailladée, cette pute. Quelle honte de voir des choses pareilles dans notre pays ! Elle n'a qu'à faire ça chez elle. Pourquoi vient-elle provoquer les musulmans chez eux ? »

Quelques jours plus tard, c'est le groupe Placebo qui crée la polémique. Le chanteur entre sur scène avec le chiffre 489, barré sur le torse, pour protester contre l'article de loi qui pénalise l'homosexualité. Les conservateurs sont au bord de l'explosion. « Qui sont ces artistes étrangers qui se permettent de venir nous donner des leçons chez nous ? » entonnent-ils en chœur dans les médias. C'est le moment que choisissent deux Femen pour s'embrasser, seins nus, sur l'esplanade de la tour Hassan, en plein centre de Rabat. Elles seront arrêtées et expulsées du Maroc en l'espace de quelques heures.

Dans cette ambiance délétère et hautement inflammable, les rumeurs les plus folles se mettent à circuler. Deux jeunes hommes d'un quartier populaire sont accusés par la rumeur publique d'avoir voulu reproduire le geste des Femen. Un groupe d'une vingtaine de personnes décide alors de manifester devant leur domicile au cri de « pas d'homosexuels chez nous » ou « défendez l'islam ». Ils appartiennent à l'association « Touche pas à mes mœurs », qui défend les valeurs et les principes des Marocains.

Plus haut, je disais que la parole s'était libérée. Mais je crois que je dois ici apporter quelques nuances. Certes, les réseaux sociaux permettent de partager, parfois anonymement, des avis ou des expériences autrefois gardées secrètes. L'accès à Internet, au téléphone portable, la plus grande liberté de la presse font que la société marocaine actuelle débat beaucoup plus que dans mon enfance, sous le règne de Hassan II et des médias aux ordres. Mais pour tous ceux qui vivent dans la transgression, l'injonction au silence reste extrêmement forte. Et les questions de mœurs engendrent une terrible violence. Crimes d'honneur, passage à tabac, humiliations sont le lot de centaines de mères célibataires, d'homosexuels, de femmes émancipées. L'absence de choix de société clair, la friction constante entre différents modèles, l'instrumentalisation de la religion participent à favoriser les débordements de violence.

Deux faits divers dramatiques vont d'ailleurs achever de noircir le début de l'été 2015. Le 14 juin, deux jeunes femmes font leurs courses dans le souk d'Inezgane, une petite ville du sud du royaume, lorsqu'elles sont agressées par un commerçant qui les accuse de porter des jupes trop courtes et d'attenter à la pudeur. L'homme est rejoint par la foule, survoltée, qui s'en prend aux deux femmes. Craignant pour leur sécurité, elles se réfugient dans une boutique, en attendant l'arrivée de la police qui donnera raison aux badauds déchaînés. Embarquées, elles sont déférées le lendemain devant le procureur. Elles sont inculpées sur le fondement de l'article 483 : « Quiconque, par son état de nudité volontaire ou par l'obscénité de ses gestes ou de ses actes, commet un outrage public à la pudeur est puni de l'emprisonnement d'un mois à deux ans et d'une amende de 120 à 500 dirhams. » Là encore, c'est sur Internet que commence la mobilisation de la société civile. Sur Facebook, la militante Boutaina Elmakoudi publie une vidéo qui est vue plus de 40 000 fois et dans laquelle elle interpelle ses concitoyens. « Ce n'est pas juste l'histoire de ces deux filles, c'est une menace générale pour les libertés individuelles. Un état d'esprit daeshiste contamine le pays et pourrait prendre une grande ampleur qui limiterait la liberté des citoyens », écrit-elle alors.

L'affaire provoque un immense élan de solidarité pour Sanae et Sihame et les *sit-in* se multiplient avec pour slogan #porterunerobenestpasuncrime. Quelque 1 200 avocats marocains leur ont apporté leur soutien. Militants et anonymes s'inquiètent d'une possible régression des droits de la femme et accusent les autorités de céder trop de terrain aux tenants les plus rigoristes et les plus conservateurs. Le 13 juillet, le tribunal d'Inezgane innocente les deux jeunes femmes.

À Fès, le 30 juin, en plein mois de ramadan, un homme est poursuivi, battu puis quasiment lynché par un groupe de jeunes hommes en colère. Habillé d'une djellaba blanche, il tente à plusieurs reprises de se réfugier dans une voiture sous les insultes du groupe qui le traite de « pédé ». La scène, qui a lieu en plein centre-ville, est filmée et circule sur les réseaux sociaux. D'une violence insoutenable, ces images envahissent les écrans, à l'époque où l'État islamique fait lui-même sa propagande sur les réseaux sociaux. Par un terrible effet de superposition, la vidéo marocaine donne l'impression de se passer dans une ville sous contrôle jihadiste. Cette fois, les autorités se montrent fermes envers ceux qui ont commis ces actes, mais les conflits latents au sein de la société marocaine éclatent aux yeux de tous. Le ministère de l'Intérieur et celui de la Justice publient alors un communiqué conjoint « faisant état de poursuites pénales à l'encontre de tout individu ou groupe d'individus qui se substituent à la justice et aux lois en agissant de leur propre gré pour sanctionner des personnes ». Les agresseurs de Fès ont écopé de quatre mois de prison. Mais combien de fois ai-je entendu que l'attitude de cet homme était une provocation et qu'au fond il avait bien cherché ce qui lui arrivait. En mars 2016, à Beni Mellal, deux homosexuels sont cette fois agressés chez eux, et la vidéo qui les montrent en sang, humiliés et battus, fait le tour de la Toile. Comble de l'horreur, c'est une des victimes qui est déférée devant le procureur. Dès le 31 mars, je m'en étais émue dans cet article de *Libération* :

Si j'avais été un homme à Beni Mellal

« Au début du mois de mars, dans le centre du Maroc, deux homosexuels ont été sauvagement agressés par un groupe d'hommes. Ils ont été arrêtés par la police alors que les responsables des violences étaient laissés libres. L'une des victimes a été condamnée à quatre mois de prison ferme. Deux des agresseurs ont été condamnés à deux mois de prison avec sursis. La deuxième victime doit être jugée le 4 avril.

« On a tous joué, un jour, à se demander : "Qu'aurais-je fait si j'étais né en 1939 à Berlin ?", "Comment aurais-je agi en 1994 à Kigali ?" Moi, je me demande ce que j'aurais fait si, au lieu de naître dans un quartier bourgeois de Rabat, j'étais né homosexuel dans la petite ville de Beni Mellal. Si une nuit, alors que j'étais avec un homme, d'autres hommes étaient entrés ? Des hommes qui en voulaient à ma peau, des garçons assoiffés de sang, prêts à me réduire en miettes. Et pendant qu'ils m'auraient frappé, humilié, filmé, insulté, pendant ce temps, j'aurais pensé que je n'étais pas seulement victime, mais qu'aux yeux de la loi j'étais aussi coupable. Et que la police, qui viendrait peut-être arrêter mes bourreaux, m'arrêterait moi aussi et qu'en riant, sans doute, ils me traîneraient en prison.

« Et si, au lieu d'avoir des parents qui m'ont appris qu'aucune religion ne justifie la haine, la violence, le lynchage des filles de joie et la mise au ban des mécréants, j'avais été tueur de pédés, père la morale, misogyne sûr de son droit ? Si, comme certains de mes concitoyens, j'étais né persuadé qu'il faut enfermer les débauchés, les adultérins, les femmes non mariées et non vierges, et les homosexuels ? Si j'avais haï l'Occident, les juifs, les lesbiennes et les femmes libres ? Si, au lieu de naître fille dans une famille où mon corps m'appartenait, où il était acquis que ce corps était digne d'être respecté, d'aimer et de jouir, si au lieu de ça j'avais dû me cacher pour recevoir un baiser, me cacher pour me débarrasser de l'enfant qui s'y était niché mais dont je ne pouvais assurer l'éducation ?

« Bien sûr, on m'accusera de ne pas aimer mon pays, de ne pas respecter ma religion et mon identité. On me dira qu'on ne transige pas avec la débauche, que le Maroc n'est pas la Suède, et que la condamnation du stupre, de l'amour libre et des relations entre gens de même sexe fait partie de nos fondamentaux. D'autres, depuis leurs bureaux de facultés françaises, m'accuseront peut-être de diffuser des “clichés orientalistes” et de nourrir un discours islamophobe. À ceux-là, je dirai d'aller voir dans les prisons croupir les femmes adultères et les homosexuels, dont les peines ne sont pas des fantasmes que j'ai inventés.

« Je sais à quel point tout cela repose sur des si et de fragiles conditionnels. C'est d'ailleurs le propre de l'arbitraire. J'ai eu beaucoup de chance, et peut-être devrais-je me contenter d'en jouir. Il y a une certaine indécence à me mettre dans la peau de ceux dont on veut la peau. Car j'ai eu mes parents, j'ai grandi dans mon quartier, j'ai lu autant de livres que je voulais, j'ai voyagé, étudié. Mais je dois dire que j'ai rencontré au Maroc des centaines de personnes qui n'avaient pas eu tout cela, et qui, pourtant, croient qu'il faut vivre et laisser vivre, et que chaque homme a droit à la dignité et à la protection. Ça n'est pas une morale de bourgeois ou d'Occidental, ça n'est en rien contraire à ce qui fait le cœur de la culture marocaine. Le chemin des Lumières n'est l'apanage d'aucun peuple ni d'aucune religion, il devrait être notre horizon à tous.

JAMILA

« La cause des hommes »

Jamais de ma vie je n'ai parlé de sexe avec ma nounou. Pour moi, il aurait été impensable d'aborder ce sujet avec cette femme qui vit pourtant sous mon toit depuis plus de vingt ans. Nous représentons, l'une et l'autre, deux modèles de femmes absolument antithétiques. À 50 ans, elle ne s'est jamais mariée et, si l'on en croit l'importance qu'elle accorde à la morale et à la religion, elle est vierge. Elle travaille et vit chez nous. Elle subvient aux besoins d'une grande partie de sa famille, qui n'hésite pas à l'appeler dès qu'il y a un problème mais qui, pour autant, n'a que peu de considération pour elle. Parce qu'elle est une femme et parce qu'elle n'a pas d'époux. Religieuse pratiquante, elle est, je le sais, choquée par mon mode de vie. Je fume, je bois, je sors quand je veux. J'ai autant d'amis garçons que d'amies filles. Je me dis que, lorsque j'étais adolescente, elle a dû assister complètement interloquée aux boums que nous organisions et où filles et garçons flirtaient sans se cacher.

J'ai donc de ma nounou une image assez claire : c'est une conservatrice, et sans doute me juge-t-elle sans me le dire. Lors de la sortie de mon roman, j'ai eu l'occasion d'avoir d'elle une image totalement différente. Un soir où nous étions seules dans la cuisine, elle m'a dit, le regard coquin : « Tu sais, je sais de quoi parle ton livre. » J'ai souri, un peu gênée par la conversation qu'elle engageait. Je craignais aussi qu'elle ne me fasse la morale. « Tu parles des obsédés sexuels, n'est-ce pas ? Parce que, tu sais, au Maroc, il y en a beaucoup. Dans mon quartier, beaucoup de femmes me racontent ça. »

Première nouvelle, ma nounou si prude et si moralisatrice parle de sexe avec ses voisines. Je n'en reviens pas !

« J'ai une amie qui habite près de chez moi. Elle m'a raconté que son mari voulait faire l'amour trois à quatre fois par jour. Il ne lui demande pas son avis. Tu vois ce que je veux dire ? » me dit-elle. Oui, je vois, il la viole. Je me rends compte que je ne sais pas dire « viol » en arabe, mais ma nounou et moi nous sommes comprises.

« Beaucoup d'hommes sont comme ça, poursuit-elle. Les femmes, elles travaillent, elles élèvent les enfants, elles tiennent la maison. Et en plus, elles doivent faire tout ce que veut monsieur et elles n'arrêtent pas de tomber enceintes. Heureusement, certains préfèrent voir d'autres filles du quartier et ils laissent leur femme tranquille. » D'autres filles ? Je lui demande si elle parle de prostituées.

« Ben oui, bien sûr. Il y en a beaucoup. Des filles très jeunes. Tu sais, même les Saoudiens viennent chez nous pour les prostituées. À Rabat, ils se sont fait construire une immense maison dans laquelle ils reçoivent de très jeunes filles. Elles doivent se mettre entièrement nues et danser devant eux. Au bout d'un moment, ils jettent des billets par terre et ils leur disent : “Tu te roules dedans et si tu as bien transpiré, tu pourras garder tous les billets qui restent collés sur toi.” »

Je ne sais pas si cette histoire est tout à fait exacte et j'ai peu de moyens de le vérifier. Il est cependant de notoriété publique que de riches hommes du Golfe viennent régulièrement au Maroc pour profiter de la malheureusement légendaire prostitution marocaine. Ils en sont d'ailleurs tellement friands que beaucoup se sont exportées là-bas. Une immigration qui n'est pas du goût de tous.

« C'est la misère pour les femmes, poursuit ma nounou, bien décidée à tout me raconter. Dans le quartier, tu sais, il y a cette fille qui a le sida. Elle l'a caché pendant longtemps, mais finalement, ça s'est su. Le type qui lui avait collé ça l'a laissée tomber et il a disparu. Maintenant, elle est complètement abandonnée. C'est triste, tout ce qui arrive. Dans beaucoup de familles, on voit des filles tomber enceintes de leur oncle ou même de leur père. Elles n'en parlent pas. Soit on les cache, soit elles se suicident. » Je lui fais remarquer que toutes ces situations sont dues au fait qu'il existe une grande hypocrisie et que personne n'ose dénoncer les crimes commis sous prétexte de se protéger de la honte. J'essaie de lui expliquer qu'une société où les femmes seraient plus libres ne serait pas forcément contraire à la religion, mais permettrait de mieux protéger les femmes. À ma grande surprise, elle acquiesce. « Tout ça, me dit-elle, ça ne sert pas la cause de l'islam. Ça ne sert qu'une seule cause : celle des hommes. »

MUSTAPHA

Policier à Rabat

Mustapha est le père d'une de mes amies. Elle me propose de le rencontrer, chez eux, dans un quartier populaire de la capitale. C'est un homme affable, qui exerce son métier depuis plus de vingt-cinq ans. Aujourd'hui, il travaille principalement derrière un bureau, mais il n'en garde pas moins une grande connaissance du terrain.

« La vérité, me dit-il, c'est qu'on ne peut pas appliquer les lois. Franchement, est-ce qu'on va arrêter tous les couples qui se tiennent par la main pour vérifier s'ils sont mariés ? On sait très bien où les jeunes se retrouvent, mais on fait semblant de ne pas voir. Bien sûr, il arrive que la police fasse des vérifications dans des hôtels, mais c'est souvent pour protéger les filles, par exemple dans les villes touristiques où il y a beaucoup de prostitution. La vérité, c'est que tout dépend plutôt de l'argent. Ceux qui ont les moyens, ils font ce qu'ils veulent. C'est malheureux mais quand on nous oblige à rafler des prostituées, c'est sur celles qui se font payer en légumes qu'on tombe, pas les autres. Les prostituées qui roulent en voitures de luxe, elles gagnent plus en une soirée que moi en une vie. Très franchement, aucun policier n'aime être obligé d'arrêter dans les affaires de mœurs. On a mieux à faire. Ce qui est désolant, c'est que les gens veulent se faire justice eux-mêmes, au nom de la religion, ils croient qu'ils ont le droit de vie et de mort sur les autres.

« Et puis, pour être tout à fait honnête, ça en arrange pas mal cette situation. Le sexe, au Maroc, c'est un commerce très, très juteux. Ça profite à la police, aux gardiens, aux macs, à tout le monde. Il y en a qui se vantent tout le temps de prier, qui ont des barbes jusque-là, mais ça ne les empêche pas d'aller aux putes ou même de ramasser des jeunes garçons sur les avenues pas éclairées. Tout ça, on connaît ! On rackette les prostituées, les couples d'amoureux, les couples adultérins. Il n'y a pas de morale là-dedans, pas de religion : c'est la loi du fric. La loi du plus fort.

« Pour les jeunes, ce n'est pas toujours facile. Avec Internet et tout ça, ils sont en décalage avec leurs parents. Moi, j'ai trois filles et je parle de tout avec elles. Je les ai même accompagnées pour acheter leur premier soutien-gorge ! Je n'ai pas de tabous. Je sais qu'il vaut mieux parler, sinon les filles courent beaucoup de dangers. Je leur dis toujours qu'elles doivent respecter la culture du pays, les valeurs et, surtout, qu'il faut être discret. Il ne faut pas choquer. Mais je sais aussi que mon discours détonne un peu, surtout dans la profession. Mais je l'assume et je n'ai jamais fait semblant de jouer les durs.

« Le Maroc, ce n'est pas la Suède, et on ne peut pas importer tout et n'importe quoi. Les gens ne sont pas prêts à avoir une sexualité libre comme en Europe. Mais mon travail de flic, sur le terrain, m'a aussi montré qu'il y a beaucoup d'hypocrisie et de violence derrière tout ça. Ici, à cause de la *h'chouma*, on ne parle jamais de la pédophilie, de l'inceste, des viols, de la prostitution des mineurs. Dans ma vie, j'ai vu des choses horribles. J'ai ramassé des bébés dans des poubelles. Il faudrait qu'on puisse parler de tout pour s'attaquer à ces problèmes. »

F.

« Qui voudra d'une fille comme moi ? »

F. est prostituée. Je n'ai pas eu besoin de le lui demander pour le savoir. Il me suffit de l'observer, comme le font les hommes dans la salle. Elle est assise au bar d'un hôtel, à Casablanca. C'est une jolie fille, trop maquillée, trop apprêtée sans doute. Elle cherche peut-être à ressembler à une de ces stars de la chanson orientale qui font rêver les jeunes Marocains. F. a 25 ans et elle paraît beaucoup plus âgée.

« Mes parents sont venus à Casablanca quand ils étaient jeunes, pour se sortir de la misère. Ils sont originaires du sud du Maroc. Ce sont des paysans et, même s'ils habitent en ville depuis longtemps, ils sont encore paysans dans leur tête. J'ai grandi dans un quartier populaire, avec trois sœurs et deux frères. Mes parents sont analphabètes et ils ne s'intéressaient pas beaucoup à l'école. J'ai arrêté jeune, mais j'aime bien lire et regarder des films. Je crois que j'aurais pu être une bonne élève si on m'avait aidée. Tu sais, tu devrais tous les jours embrasser la tête de tes parents pour t'avoir permis de faire de bonnes études. Moi, je suis une ignare, je n'y peux rien.

« Avec mes parents, on ne parlait pas de sexe, ni d'amour. Ce sont des choses qui ne se font pas. Ils travaillaient beaucoup, ils étaient toujours préoccupés, fatigués. Ils nous élevaient à la dure. Ça criait tout le temps. Et ils nous cognaient. Mes sœurs et moi, on aidait ma mère pour le ménage et pour élever mes frères. À 12 ans, je savais tout faire, je pouvais tenir une maison.

« Moi, je détestais le quartier où on vivait. Je me faisais harceler par les garçons, il y avait beaucoup de drogue et beaucoup de violence. Quand tu es une fille, il faut te battre pour qu'on te respecte. J'ai toujours voulu venir ici, au centre-ville de Casablanca, là où il y a des boutiques et de beaux restaurants, où j'aurais pu travailler comme vendeuse ou serveuse.

« Dans mon quartier, on a tous connu des filles qui allaient avec les hommes. Des jeunes ou des vieilles. Je me souviens d'une femme dont le mari était parti. Je crois qu'elle avait deux ou trois enfants. Tout le monde savait que c'était comme ça qu'elle pouvait payer le lait pour ses enfants. Il ne faut pas croire que les gens ne savent pas. Même ma mère, elle sait très bien ce que je fais.

« J'ai commencé par travailler chez une coiffeuse quand j'avais 17 ans. J'étais déjà bien formée, j'avais de la poitrine, je faisais plus vieille que mon âge. Mais je n'aimais pas ce travail et je n'étais pas douée. C'est ma patronne qui m'a trouvé un plan pour faire des massages. Et c'est comme ça que ça a commencé. Au début, je faisais des massages dans un hôtel et puis après j'ai eu des clients réguliers. Ma mère voudrait que je me marie avec un étranger pour avoir les papiers et partir. Du coup, elle ne me dit rien. Elle fait semblant de ne pas voir.

« J'ai rencontré des hommes très gentils. Il y a des vieux qui m'ont fait des cadeaux et qui m'aident. Mais sinon, c'est dur, très dur.

J'essaie de ne pas penser à l'avenir parce que sinon je ne fais que pleurer. Je voudrais me marier, avoir des enfants, mais il faudrait que je parte loin d'ici. Je suis dégoûtée. J'en ai trop vu dans ma vie. Les hommes, ici, il te traite comme un chien. Même les bourgeois, ils viennent tout le temps nous voir. Les fils de bonne famille, ils ne peuvent pas coucher avec les bourgeoises de leur âge, alors ils se défoulent sur nous. Ils veulent faire comme dans les films porno. Il faut beaucoup les flatter, leur dire qu'ils sont des bêtes au lit, comme ça ils sont contents. Moi, je travaille qu'avec des types qui ont de l'argent, et certains sont même très généreux.

« Avec les filles, on va dans les boîtes. On s'assoit dans un coin, on commande une bouteille de vin blanc et on attend. Les patrons de boîtes nous connaissent et les habitués aussi. Au début, je ne faisais pas attention et il y a eu des histoires de bagarres ou de vols. J'avais très peur parfois. Mais maintenant, on va toujours dans les mêmes endroits et on fait attention.

« Si j'avais écouté mon père, je serais bonne dans une maison ou bien serveuse, à gagner une misère. Ou encore pire, j'aurais déjà quatre gosses avec un mari qui me cogne. De toute façon, pour les femmes dans ce pays, c'est très dur. Si on n'a pas des parents qui ont de l'argent ou de l'éducation, on ne peut pas s'en sortir. Bien sûr, je crains Dieu et je sais très bien que ce que je fais est *haram*, mais je n'ai pas le choix. Comment ma famille vivrait sans moi ? Mon père est mort il y a cinq ans et ma mère ne travaille pas. C'est moi qui donne de l'argent à mes frères et sœurs. Mon petit frère, il porte la barbe et le qamis, mais il ne m'a jamais jugée. Il est très gentil avec moi.

« Deux fois, je suis tombée enceinte. J'ai avorté grâce à une copine qui connaissait un médecin. C'était dur. Je suis tombée malade et je n'ai pas pu travailler pendant plusieurs semaines. Heureusement, ma copine et moi, on vit ensemble dans le même appartement. Elle sort avec un pilote qui loue l'appartement et qui vient la voir régulièrement. C'est un musulman. Il est très gentil et très amoureux d'elle. Dans le voisinage, bien sûr qu'ils savent ce qu'on fait, mais qu'est-ce que vous voulez qu'ils fassent ? Ils savent que la vie n'est facile pour personne. C'est la misère, c'est tout.

« À Casablanca, c'est devenu très dur. Il y a beaucoup de concurrence. Les Africaines aussi, elles font de la prostitution et elles travaillent pour presque rien. Il paraît qu'en plus elles collent des maladies, et ça, ça fait très peur.

« Les hommes marocains, ils ont le démon entre leurs jambes. Ils disent toujours que c'est la faute des femmes, mais le problème, il est chez eux. Moi, je voudrais aller en Europe, travailler, être mère aussi. Ici, il n'y a personne pour m'aider à m'en sortir. Mais qui voudra d'une fille comme moi ? »

MALIKA[1]

« Faire l'amour : le crime originel »

Malika a 40 ans. Elle est célibataire et n'a jamais été mariée. Médecin, elle a été affectée en province, dans une région extrêmement conservatrice, loin des grands centres urbains. Elle vit seule, loin de sa famille. Ses parents sont « cools ». Son éducation religieuse n'était pas rigoriste.

« Nous avons reçu une éducation plutôt classique : il y avait le bien, le mal, le respect de l'ancien. On n'a jamais été séparées des garçons, on faisait des fêtes à la maison, on voyageait ensemble. C'était très ouvert. Évidemment, on ne sortait pas en boîte de nuit, et les sorties, de manière générale, se passaient dans un cercle très restreint. Mais je n'ai jamais été frustrée à ce niveau-là. »

1. Le prénom a été modifié.

Comme la majorité des femmes que j'ai rencontrées, Malika n'a aucun souvenir d'avoir reçu une éducation sexuelle. « Il n'y avait pas de tabous, on ne vivait pas dans la honte. En même temps, on n'a jamais parlé de contraception ou de prévention. De toute façon, si tu perds ta virginité, c'est que tu es mariée, donc ça résout le problème ! »

Malika s'est éveillée tardivement à la sexualité. Elle n'a eu son premier petit copain qu'à la fin de sa première année de fac, et ses relations avec lui sont restées chastes. Elle avait 24 ans quand, pour la première fois, une de ses amies lui a avoué avoir couché avec un garçon, comme ça, pour une nuit.

« J'étais extrêmement choquée. Je me suis mise à lui faire la leçon, à lui dire qu'elle devait absolument se marier avec lui. Puis, j'y ai repensé pendant des jours et des jours. Je suis retournée la voir et je me suis excusée. Cet épisode m'a marquée. J'ai compris que j'étais conditionnée, comme tout le monde. On ne m'avait jamais spécifiquement parlé de virginité, je n'y avais pas réfléchi et pourtant j'ai eu cette attitude très dure. »

Malika a perdu sa virginité assez tard, avec un étranger, plus âgé, avec qui le mariage n'a jamais été envisagé. « À cet âge-là, je m'étais un peu débarrassée du carcan. Alors qu'autour de moi mes amies ou mes sœurs se mariaient vierges, je me consacrais à mes études et je gagnais en liberté et en autonomie financière. »

En tant que médecin, Malika a été témoin de situations extrêmement dures, qu'elle n'aurait peut-être pas connues si elle avait continué de vivre dans son cocon familial bourgeois. « Je n'avais pas conscience de l'importance des certificats de virginité avant de devenir médecin. Ça m'a profondément choquée ! À l'époque, je faisais mon stage d'internat en gynécologie. Un matin à 8 heures, après la nuit de noces, ils ont amené une jeune fille pour que je dise si c'était une défloration récente ou ancienne. J'ai dit, de manière militante, que c'était récent. Je l'aurais couverte de toute façon. Cet épisode m'a laissé un goût amer.

« Une autre fois, je me suis disputée avec un collègue qui a voulu dénoncer une femme célibataire à qui nous avions diagnostiqué une grossesse extra-utérine. Elle nous a suppliés de garder le secret. Mais mon collègue fulminait. Pour lui, il était plus important de la dénoncer à sa famille que de la soigner. »

À beaucoup d'égards, Malika détonne par rapport à la société marocaine. À 40 ans, elle est encore célibataire. Elle gagne bien sa vie, a un métier valorisé. Elle est propriétaire de son appartement et voyage beaucoup, seule. « Les hommes se sentent écrasés par ce que je représente, qui est à l'opposé de l'image classique de la femme marocaine, soumise et maternelle. Chez les hommes, il y a un hiatus entre le fait d'être libéré dans l'acte sexuel et dans la tête. La plupart ne le sont que le temps de l'acte. Dans leur tête, ils sont dans le jugement. »

Si elle est restée célibataire, ce n'est donc pas un hasard. Malika semble avoir connu beaucoup de déconvenues avec les hommes. « Mon ex, qui a fait l'école française, est très ouvert, très cool. Pourtant, il n'envisage de se marier qu'avec une fille plus jeune et vierge. En même temps, il se vante d'aller régulièrement voir des prostituées. Quand je me suis montrée choquée par ses propos, il m'a dit : "Tu es intolérante. C'est mon droit, j'ai le droit de vouloir à la fois baiser et me marier avec une vierge." Il ne considérait pas ça du tout comme schizophrène. Comme pour beaucoup d'hommes, sa sexualité est complètement immature. » Comme elle me l'a répété à plusieurs reprises, les hommes ont plus de choix, même s'ils souffrent, eux aussi, de cette hypocrisie. « Eux au moins ont le menu et ils peuvent faire un choix "à la carte". D'un côté, les femmes avec qui ils couchent. Et de l'autre, celles qu'ils épouseront. »

Quand je demande à Malika si les lois très conservatrices sur le plan sexuel la font souffrir, elle m'arrête tout de suite. « Ne pas pouvoir faire l'amour avec mon mec ne me fait pas souffrir, ça me fait chier ! Du coup, on s'arrange. On va dans des hôtels tenus par des Français qui ne nous demanderont pas nos papiers. Le problème, c'est que je me sens complètement décalée. Les discours des gens sont effrayants, et plus ça va, plus ça m'effraie. L'hypocrisie augmente et le conservatisme aussi. »

Malika souffre aussi d'un autre problème dont toutes les femmes célibataires m'ont parlé, et même certaines veuves que j'ai pu rencontrer. Au Maroc, il est très difficile pour une femme non mariée d'avoir une vie sociale. À partir d'un certain âge, la sociabilité semble indissociable du couple. « J'ai souvent eu l'impression d'être rejetée parce que je suis un danger. Les autres femmes ont peur que je leur vole leur mari et les maris craignent que mon statut de femme libérée ait une mauvaise influence sur leur femme. J'ai perdu des amis à cause de cela et je ne l'aurais jamais imaginé. Ça me donne la sensation d'être anormale, d'être un intrus.

« Une fois j'ai eu une aventure avec un homme. Un coup d'une nuit et dont je savais que ça n'irait pas plus loin. C'était la première fois que je faisais ça, et ça m'a beaucoup plu de faire l'amour sans arrière-pensées. Je l'ai raconté à ma sœur, sur le ton de la plaisanterie. Elle a été très choquée. Je ne comprenais pas, j'étais triste. Elle est mariée, elle a des enfants et, comme beaucoup, une fois qu'elle est du bon côté, elle juge tous ceux qui sortent du cadre. Je connais des filles célibataires qui ont mon âge et qui prétendent encore qu'elles sont vierges. Je ne comprends pas. Une de mes amies a rencontré un homme dont elle est tombée très, très amoureuse. Cette fille n'est pas vierge, je le sais. Pourtant, quand cet homme lui a proposé de partir en voyage, elle a refusé sous prétexte qu'elle "n'était pas ce genre de fille". Beaucoup de femmes font ça quand elles ont l'espoir de se marier. Elles jouent les vierges effarouchées. Elles se couchent sur le dos en faisant semblant d'être intimidées. Eh bien, moi, je trouve ça dégradant. »

Malika vit donc dans une certaine solitude. Par peur des jugements, par lassitude aussi, elle a renoncé à raconter son intimité à ses proches. Sa vie amoureuse est complètement cachée. « Mes parents font genre qu'ils ne savent pas pour mes copains. Une fois, j'ai commencé à parler de quelqu'un qui me plaisait, mais dès qu'il s'est effectivement passé quelque chose, je n'ai plus rien dit. J'avais dépassé la ligne. Je me méfie de la pression qu'on pourrait exercer sur moi. Je me suis trop battue pour vivre libre, ce serait idiot de renoncer maintenant.

« L'année dernière, je suis tombée enceinte. Je ne pouvais vraiment pas le garder. Ma mère était malade, mon travail me demandait beaucoup de temps et je n'avais aucune envie de me mettre en couple avec le père. Il était évident pour moi que je devais avorter. La fille qui travaille chez moi depuis des années, et qui vient de la campagne, a eu une attitude étonnante quand elle a compris la situation. Elle m'a dit : "Ne t'inquiète pas. Je te l'éduque, je m'en occuperai. On s'en fout, on n'a même pas besoin qu'il ait un père. Comme on dit, si personne ne te nourrit, personne n'a de droits sur toi." Au contraire, ma cousine, moderniste et bac +5, s'est écriée : "Oh, mon Dieu, quelle horreur ! Il faut aller à l'étranger, te cacher pendant quelques mois." Elle a déserté, et je sentais que je lui faisais honte. Moi, je ne l'ai pas du tout pris comme une honte. Je ne pouvais pas m'occuper d'un enfant à ce moment-là, et si j'avortais, ce n'était pas par honte d'être tombée enceinte hors mariage mais pour des raisons "pratiques".

« Voilà, j'ai avorté. Dans la salle d'attente, nous étions quatre. Moi, qui étais capable d'assumer un enfant mais qui n'étais pas prête. Une femme avec son mari qui avait déjà plein d'enfants, et qui n'en pouvait plus. Une prostituée qui semblait détendue et qui parlait fort au téléphone : "Mais pourquoi il lui a fait une anesthésie générale ? Moi, il m'a fait une anesthésie locale la dernière fois !" Et il y avait une femme dont le souvenir m'a hantée pendant plusieurs jours. Elle portait une djellaba, un voile, elle avait l'air très pauvre. Elle négociait avec l'infirmière, expliquant qu'elle n'avait pas les moyens de payer et qu'elle reviendrait la semaine suivante. L'infirmière lui a expliqué : "Chaque semaine, ce sera plus cher." J'aurais dû lui payer. Qu'est-ce qu'elle allait devenir ? Si ça se trouve, elle va se prostituer pour pouvoir avorter. Ou pire, peut-être s'est-elle suicidée. Ça arrive plus souvent qu'on ne le croit. Je repense à ces quatre femmes, dont moi, et je me dis que le nouveau projet de loi n'aiderait aucune de nous, et pourtant nous représentons la majorité des cas d'avortement au Maroc aujourd'hui. À ce moment-là, j'avais envie de le crier sur les toits, d'en parler à tout le monde. Je ne supportais pas le fait qu'on m'impose de le cacher, de le vivre comme une honte alors que je ne l'ai pas fait, évidemment, de gaieté de cœur.

« Grâce à mon métier et à mes revenus, j'ai pu me sortir de cette situation. Mais ce n'est pas le cas de toutes les femmes célibataires, dont les vies basculent dans le drame. Une de mes amies vient d'adopter une petite fille dont la mère est une paysanne du Moyen Atlas. Elle lui a donné sa fille et elle est repartie dans son village.

« Un jour, avec une collègue, nous parlions de cette fille-mère qui s'est immolée par le feu pendant une visite du roi. Ma collègue m'a dit : "C'est pas qu'une victime. Elle n'avait qu'à prendre ses responsabilités." J'étais outrée : quel est le crime qui vaut ce châtiment-là ? Elle a couché, crime originel ! Non, vraiment, je crois qu'on est encore très loin du compte, et ça me désespère. »

*

À l'époque de mes parents, la chape de plomb qui pesait sur la sexualité n'était pas un sujet aussi important qu'aujourd'hui. Il y a encore cinquante ans, la très grande majorité des femmes se mariaient adolescentes et elles n'avaient guère l'occasion d'imaginer ou de vivre une vie sexuelle avant le mariage. Cela est encore valable pour de nombreuses femmes marocaines mais, dans les villes et dans la classe moyenne, de plus en plus d'entre elles font des études, travaillent et subviennent à leurs besoins. L'indice de fécondité est passé de 4,3 en 1987 à 2,33 en 2007[1]. Sur la même période, l'âge moyen du premier mariage est passé de 23 à 28 ans. Aujourd'hui, 25 % des foyers sont soutenus par une femme seule. En 2012, 51 % des bacheliers sont des jeunes filles et 7 des 10 meilleures notes du bac ont été obtenues par des demoiselles. La société a radicalement changé, la place des femmes n'est plus du tout la même, mais leurs droits

1. Les données statistiques sont fournies par le Haut Commissariat au plan (HCP).

n'ont pas été réévalués à la hauteur de ces changements.

L'émancipation des femmes mais aussi les difficultés économiques expliquent l'explosion du célibat chez les jeunes. Dans ces conditions, difficile d'exiger l'abstinence sexuelle ! Même si l'éducation reste concentrée sur la virginité, les filles échappent au contrôle des familles lorsqu'elles quittent le foyer. Comme partout ailleurs dans le monde, elles rêvent d'amour et sont de plus en plus nombreuses à oser braver l'interdit, même si elles savent que la majorité des hommes tiennent à la virginité lors du mariage. Le modèle marital tel qu'il était pratiqué il y a trente ans est en tout cas remis en cause. Les couples ont envie de se connaître, de s'aimer. Mais cette liberté sexuelle génère un sentiment d'insécurité, de culpabilité et d'angoisse pour les couples non mariés.

Tout ce contexte contribue évidemment à créer des relations extrêmement tendues entre les hommes et les femmes. La frustration génère de la violence, notamment dans l'espace public, où les femmes sont souvent harcelées. Elles ont bien sûr le droit de travailler, le devoir de payer des impôts, mais elles n'ont pas totalement gagné le privilège de marcher en paix dans la rue, de s'asseoir sur une terrasse pour fumer une cigarette, etc. Le député Abouzaid El Mokri, pourtant connu pour ses positions ultra-conservatrices, a diffusé en février 2016 une vidéo dans laquelle il dit son admiration pour la gent féminine qui réussit mieux dans les études, qui s'investit dans la gestion du foyer, qui respecte les lois de la cité, alors que les garçons sont traités comme des rois et moins poussés à réussir.

Voilà sans doute la première révolution : les femmes prennent de plus en plus de place dans l'espace public. Elles réussissent, elles s'émancipent. Pour les hommes, c'est un immense bouleversement qui les laisse complètement décontenancés et qui, sans doute, génère chez eux une perte de repères.

L'islam : une religion anti-sexe ?

À chaque fois que je parle de l'éventualité d'une « révolution sexuelle » au Maroc, mes interlocuteurs douchent mon enthousiasme. Pour beaucoup, le poids de la religion dans la société rend impossible un changement législatif à court terme. Je me suis donc demandé si l'islam était une religion anti-sexe ou plutôt s'il était possible d'imaginer qu'on puisse être musulman et avoir une sexualité libre, épanouie, sans rendre de comptes ni à l'État ni à la société.

Si on regarde ce qui se passe dans les pays musulmans – la violence à l'égard des femmes qui sortent du rang ou des homosexuels –, on en conclut que l'islam est une religion qui n'approuve qu'une seule forme de sexualité : la sexualité conjugale et donc hétérosexuelle. Toutes les sociétés musulmanes sont construites autour de tabous que sont la fornication, l'homosexualité, la maternité célibataire, l'avortement et la prostitution. Ce système continue de tenir grâce à une culture du silence, voire de l'omerta, prêchée par le religieux, confirmée par la loi et imposée par la convention sociale.

Pourtant, dans les premiers temps de l'islam, le sexe est loin d'être un tabou. La sexualité y est même considérée comme une source d'équilibre et d'épanouissement de l'être humain. L'acte sexuel n'a pas pour seul but la procréation mais bien la jouissance : l'orgasme est un prélude aux plaisirs promis aux habitants du paradis. Le prophète Mohammed lui-même a été un « guide sexuel » pour ses compagnons. Les textes nous apprennent que toutes les positions sont licites sauf la pénétration anale. On peut trouver des hadiths de Mohammed sur la contraception ou sur le *coitus interruptus*. Le Prophète conseillait à ses ouailles de pratiquer des jeux préliminaires à l'acte sexuel. D'ailleurs, les cultures islamiques ont pendant longtemps été connues pour leur sensualité et leur érotisme. Comme le rappelle Fatima Mernissi dans *L'Amour dans les pays musulmans*, les chrétiens ne trouvaient-ils pas inconvenant l'étalage que Mohammed faisait de son bonheur conjugal et sexuel ?

Les musulmans peuvent se référer à une longue tradition écrite, menée par des érudits, qui ne voient pas d'incompatibilité entre besoins du corps et exigences de la foi. Du IXe au XIIIe siècle, alors que la civilisation islamique connaît son apogée, la littérature et l'art érotique vont fleurir. « L'Islam est une religion où on parle de la sexualité avec énormément de simplicité. Tous les adolescents ont lu *Le Jardin parfumé* de cheikh Al-Nafzawi, qui a été écrit au XIVe parce qu'un prince voulait savoir comment faire l'amour et avoir le maximum de plaisir. Or, le texte commence par *"bismillah"*, c'est-à-dire "Au nom de Dieu, le Miséricordieux" », me rappelle l'écrivain Tahar Ben Jelloun.

À partir du XIXe siècle, le déclin intellectuel, politique et économique du monde arabe semble aller de pair avec une vision plus puritaine de la sexualité. À partir du XXe siècle, la colonisation va par ailleurs édicter des lois très restrictives dans ce domaine. Le but : établir une frontière entre Occidentaux et femmes indigènes et contenir la sexualité « débridée » de la population locale. À la même époque, l'islamisme naissant considère que la défaite du monde arabe, tombé sous le joug occidental, est en partie imputable à la licence sexuelle qui y règne. En 1929, Hassan El Banna, fondateur des Frères musulmans, écrivait à propos de l'Égypte : « Pourquoi le pays est-il tombé dans l'assujettissement ? Est-ce parce que nous avons dévié de la charia ? » La liberté des femmes, l'homosexualité, l'amour libre sont désignés comme des coupables idéals, et les interprétations autour de la sexualité deviennent de plus en plus étroites et rigoristes.

Pour le Tunisien Abdelwahab Bouhdiba, auteur de *La Sexualité en Islam* en 1975, la vision rigoriste, puritaine, morose de la sexualité est en contradiction avec l'esprit même de l'islam. Pour lui, « redécouvrir le sens de la sexualité, c'est redécouvrir le sens de Dieu et inversement. [...] Une sexualité épanouie équivaut à autant de liberté gagnée. » Dans son livre, il rappelle une vision oubliée de la sexualité en Islam : celle d'un rapport au charnel joyeux, épanouissant. Il raconte une culture où le corps n'est pas nié ou bridé et où le coït s'apparente à un moment de prière. Mais à ses yeux, la solution ne pourra consister à calquer le modèle occidental sur les sociétés musulmanes. Il faut trouver une troisième voie et libérer le sexe avec la religion plutôt que contre elle.

Contrairement à ce qu'on pourrait imaginer, les religieux ne sont pas du tout silencieux sur les questions liées à la sexualité. Au contraire, le sexe est sans doute l'un des thèmes les plus abordés par les prédicateurs en vogue, qui tiennent même parfois des propos totalement burlesques. Parmi les plus controversées de ces fatwas, celles du cheikh Zamzami, prédicateur islamiste à succès, originaire de Tanger. Il a défrayé la chronique en affirmant que l'islam autorisait l'acte sexuel sur un cadavre, à condition que ce cadavre soit celui de l'épouse. Dans un entretien accordé à un hebdomadaire arabophone, l'imam Zamzami a également affirmé que, du point de vue religieux, le recours aux sex-toys est parfaitement légitime. La femme musulmane a le droit d'utiliser des carottes, des flacons ou autres objets pour assouvir ses envies sexuelles… « Autoriser la masturbation a pour objectif d'aider les jeunes femmes et hommes à ne pas tomber dans le péché. Nous vivons une époque où tout pousse les jeunes à avoir des relations sexuelles hors mariage. La masturbation est donc une solution provisoire pour les jeunes musulmanes et musulmans, le temps qu'ils puissent se marier. Autoriser la masturbation a donc un objectif religieux : c'est de faire éviter à notre jeunesse de tomber dans le grand péché. »

Sur les chaînes satellitaires arabes, les oulémas ne cessent de parler de sexe. Le cheikh al-Qaradawi, sans doute le plus célèbre prédicateur sunnite, anime sur la chaîne Al-Jazeera l'émission *La Charia et la vie*, suivie par des dizaines de millions de téléspectateurs. Très souvent, il y a abordé des problématiques sexuelles, donnant des conseils aux hommes pour assouvir leur « désir irrépressible », conseillant le recours à la masturbation, etc. En 2008, un imam des Pays-Bas interdit aux femmes musulmanes vivant dans le pays de pratiquer le vélo, car « enjamber la selle du vélo suscite chez la femme une excitation sexuelle, et le vélo devient, de ce point de vue, un objet prohibé ». En 2007, deux professeurs de l'université d'Al-Azhar ont autorisé « qu'une femme puisse allaiter son collègue à cinq reprises afin de nouer avec lui une relation de sein », en sorte qu'ils puissent ensuite rester seuls dans un bureau de façon licite, ayant une relation de mère à enfant de lait. Dans le registre sexuel, une récente fatwa a interdit aux femmes de toucher les bananes et les concombres parce qu'ils ressemblent au sexe masculin.

Pour éclaircir cette problématique, je suis allée à la rencontre d'Asma Lamrabet, médecin, chercheuse en théologie et figure de la pensée réformiste au Maroc. Je la retrouve à

Rabat au siège du centre d'études féminines en Islam de la Rabita al-Mohammadia des oulémas du Maroc, une institution religieuse très prestigieuse et respectée.

« Je me suis mise à travailler sur les textes pour répondre à une question finalement très personnelle : comment faire, en tant que femme musulmane, pour vivre une spiritualité épanouie ? Pourquoi dois-je m'expliquer, à chaque fois, au nom du religieux ?

« Les femmes vivent avec une épée de Damoclès au-dessus de la tête. N'importe qui peut dire n'importe quoi au nom de la religion. Dès qu'on veut justifier le fait de vous dominer, on vous assène cette phrase : "C'est le Coran qui le dit." Il faut que les femmes aient les outils pour argumenter face à cette inculture religieuse généralisée. Nous ne devons pas accepter n'importe quoi au nom du sacré. C'est pourquoi je ressens le besoin de revenir aux sources pour savoir ce qu'elles disent vraiment.

« Nous vivons dans des sociétés où le religieux s'est renforcé et où la femme est censée représenter l'identité musulmane. Le corps de la femme a une pesanteur terrible.

La visibilité des femmes détermine le degré d'islamisation d'une société. L'honneur, l'image, la transmission, la vertu, tout repose sur les épaules féminines.

« Je ne travaille pas sur la question de la sexualité. Je dois même reconnaître que je la contourne parce qu'elle m'embarrasse un peu. Ce sont des questions très difficiles à décrypter et à déconstruire dans l'état actuel des mentalités. Je me dis que cela va venir progressivement. Notre société est tellement schizophrène, tellement manichéenne, qu'on doit commencer par le commencement, à savoir : comment approcher la religion ?

« Tout à l'heure, je discutais avec des chercheuses américaines. L'une d'elles avait donné une dissertation à ses étudiantes dont le sujet était : "Qu'est-ce que la religion pour vous en un ou deux mots ?" À cela, la grande majorité des jeunes femmes ont répondu le mot "peur". C'est terrible ! On a donné l'image d'un Dieu vengeur, d'une religion punitive. Des cours primaires de l'école publique jusque dans les madrasas coraniques, partout, on dit "craignez Dieu" sinon vous n'êtes pas un bon musulman. Dans ce contexte, il est évident qu'on a aussi peur de la sexualité. Il faut complètement revoir la façon d'éduquer les filles et les garçons, et leur enseigner la religion comme une éthique de libération, d'émancipation, plutôt que comme une morale rigoriste et sans nuance. Il faut travailler sur notre substrat culturel.

« Sur cette question de la sexualité, le Coran est très silencieux. Par exemple, je n'ai absolument rien trouvé sur la virginité, même dans les dires du Prophète. Lui-même avait une sexualité plutôt libérée. L'obsession de la virginité, qui est au cœur de nos sociétés, est d'abord un trait profondément méditerranéen. Ensuite, des interprétations ont été faites par des oulémas (docteurs en sciences juridiques) qui prétendent que c'est la religion qui impose la virginité avant le mariage. Mais là-dessus, personne n'a jamais su me montrer un texte clair. Ce ne sont que des généralités.

« Ce qui est certain, c'est que le Coran s'adresse avant tout à l'*Insan* (l'être humain), qui n'est pas déterminé par le genre. Nous sommes des êtres humains avant tout. Cette découverte m'a évidemment interpellée en tant que femme parce que j'ai le sentiment d'avoir toujours été catégorisée comme inférieure par rapport à une norme qui, elle, est masculine. Or, quand on se considère comme être humain et pas comme être inférieur, au niveau de la sexualité ça change beaucoup de choses ! Il n'y a pas de “sexualité genrée” comme on voudrait nous l'imposer. N'oublions pas, par ailleurs, que le judaïsme – qui est très sévère par rapport à la sexualité – puis ensuite le catholicisme ont terriblement influencé les interprétations du texte coranique. Les premiers exégètes n'étaient pas isolés, ils baignaient déjà dans des cultures monothéistes, dans des visions du monde. Et j'ajouterai une chose essentielle : la misogynie est inhérente à l'humanité. Elle n'est pas spécifique à l'islam, loin de là. Je m'étonne d'ailleurs qu'on ait encore ce type de lecture anthropologique. À mes yeux, toutes les religions se valent sur le plan de la sexualité.

« La différence, c'est que le Coran se tait sur beaucoup de choses et offre des latitudes d'interprétations qui nous permettent d'en faire une question de bon sens. Ce silence peut aussi être utilisé à mauvais escient par des exégètes. Sur la sexualité au sein du mariage, par exemple, il y a des possibilités d'érotisation et de liberté sexuelle qui ne seraient pas acceptables dans d'autres religions. Prenons ainsi ce verset célèbre et polémique, souvent utilisé par ceux qui voudraient prouver soit que l'islam est misogyne, soit que les musulmans ont tous les droits sur le corps des femmes : "Vos femmes sont pour vous comme un champ de labour *(harth)* ; allez donc à vos champs comme vous l'entendez" (Coran, 2, 223). Ceci est la traduction majoritairement retrouvée et qui en fait reste une traduction strictement littérale. Je me suis donc intéressée aux conditions de la révélation de ce texte. À l'époque, des hommes de Médine, mariés avec des Mecquoises, se sont plaints que leurs femmes refusent d'avoir des relations sexuelles "par-derrière". Elles croyaient à une vieille superstition, sans doute issue de la tradition hébraïque, selon laquelle cela risquait de rendre leurs enfants aveugles.

« En réalité, ce verset a pour but de "libérer" les mœurs et révèle aux croyants la liberté des partenaires quant à leur activité sexuelle. En gros, cela dit : "Faites cet acte comme vous le sentez." Il y a un seul exégète, shiite d'ailleurs car ils sont souvent plus libéraux, chez qui j'ai trouvé une traduction différente et passionnante. Plutôt que de traduire par "champ de labour", il a traduit par "une source de vie". Et ça change tout ! On apprend à nos femmes qu'elles doivent se laisser faire, qu'elles peuvent même se faire violer, qu'elles doivent tout accepter de leur mari. Mais là, la femme est considérée comme la richesse de la sexualité. Pas comme un objet passif.

« Il faut le reconnaître, nous sommes des gens frustrés. Les pays du Golfe ne sont-ils pas les premiers consommateurs de pornographie au monde ? On nous sert un discours islamique bigot qui ne connaît que le *halal* et le *haram*, et qui, sous prétexte de cacher les femmes, a au contraire tendance à les hyper-sexualiser. Pour moi, aller vers plus de spiritualité, c'est aussi désexualiser son corps. J'ai voulu me libérer de l'idée que je suis femme avant tout.

« Les féministes ont peur de se saisir de ces sujets sur les droits sexuels. Il me revient une anecdote à ce propos. Il y a deux ans, j'ai fait une conférence dont le public était de vieux oulémas, attachés à la tradition et à l'orthodoxie. J'avais préparé une intervention sur les femmes en Islam et je l'avais un peu adaptée à mon auditoire, sans bien sûr me dédire. C'était un texte hyper-classique, et pourtant on m'a attaquée. J'avais l'impression de faire face aux tribunaux d'inquisition. On m'a dit: "Vous êtes occidentalisée. Vous voulez que notre femme musulmane soit comme la femme occidentale!" "Vous voulez libéraliser l'homosexualité au Maroc." Je ne défendais pourtant qu'une chose: l'égalité entre hommes et femmes. Mais déjà ça, c'était inconcevable.

«Je suis à l'intérieur d'une institution religieuse, je touche au texte sacré et je me dois de le faire de façon très délicate. Pour moi, l'essentiel, c'est de libérer la femme et de lui permettre de choisir ensuite. Car quand on parle de liberté sexuelle, on parle aussi de modèle. Quel modèle veut-on pour notre société? Le seul modèle théorisé aujourd'hui, c'est un modèle "occidental" (même si je déteste ce mot qui manque de nuance) qui promeut la libération des mœurs et qui peut choquer ici. Moi, j'essaie d'être dans une pensée décoloniale. Je me méfie des hégémonies ou des modèles qu'on se contenterait de calquer. Je crois qu'on a quelque chose à construire, à inventer.

« Comme une féministe juive qui se bat contre une loi hébraïque archaïque, je lutte contre une certaine interprétation du Coran qui conduit, dans notre société structurellement patriarcale, à opprimer les femmes. Car, contrairement à ce qu'on entend trop souvent, le message spirituel de l'islam est émancipateur. L'avortement, par exemple : selon les Traditions prophétiques, il existe une permissivité autorisant une femme à avorter jusqu'à la fin du deuxième mois de grossesse. De la même manière, l'interdiction de la mixité n'est qu'une interprétation sélective et machiste du Coran : dans l'histoire, les mosquées, lieux de savoir et de débats, ont parfois été mixtes. Les femmes n'étaient pas exclues du sacré. Nos ancêtres avaient réussi à conjuguer leur foi avec leurs besoins charnels. Il faut recréer un modèle positif de sexualité adapté à notre époque. Autrefois, le sexe ne s'étalait pas, mais il n'était pas non plus caché à ce point. On a perdu le naturel, une certaine liberté de parole, au profit d'un puritanisme étranger à notre culture.

« Je suis fatiguée d'entendre comparer la femme à un bijou, à un joyau ou à un bonbon qu'il faudrait enrober pour le protéger des regards concupiscents. On peut même l'enfermer, l'emprisonner, c'est toujours pour son bien, toujours pour la protéger. La femme est *fitna*, "tentation", la femme est *awra*, "illicite" au regard. On polémique sur son retour au foyer et on insiste de manière démesurée sur son comportement vestimentaire ou sur son corps. Mais le Coran n'a jamais parlé de la femme de cette façon ! Pour l'Islam, la femme est d'abord un être humain libre, doué de sens, d'intelligence et de raison.

« Je regrette également que l'intimité, la compassion, la tendresse, des concepts très présents dans l'islam, soient marginalisées au profit d'un rigorisme froid et sans âme. Et je m'interroge sur la place qu'occupe l'amour dans notre société. Dans ma génération, on a survalorisé l'amour, nous étions sentimentaux et nous l'assumions. Aujourd'hui, je trouve que les jeunes sont beaucoup plus pragmatiques. Ils revendiquent d'être rationnels, de ne pas se laisser guider uniquement par leurs sentiments.

« Le wahhabisme est une idéologie sans culture. Au Maroc, nous avons la chance d'avoir un islam culturel et il faut absolument protéger cette culture-là, qui est favorable à l'ouverture. Le machisme y est certes présent, mais réformable. En réalité, quand on présente aux jeunes un islam ouvert et libérateur, c'est pour beaucoup un soulagement.

« Je suis optimiste parce que j'estime qu'il y a quand même eu des progrès. Il y a dix ans, il y a des débats qu'on n'aurait même jamais tenus. Même s'il y a des réactions complètement barbares, au moins la parole s'est libérée. Malheureusement, on transmet le religieux comme un ensemble de vérités dogmatiques, autour du couple *halal/haram*, sans inviter le croyant à exercer son esprit critique, à faire preuve d'éthique.

Cette libération changera beaucoup de choses et elle fait peur à certains. Si on présente le religieux comme un outil de libération, vous verrez les langues se délier, les corps se libérer, les esprits s'émanciper. On ne peut pas juste libérer le corps sans l'âme. Même dans les urnes, on imagine qu'un citoyen "libéré" agira différemment… »

Un débat identitaire :
le contre-modèle occidental

N'en déplaise à ceux qui usent de la caricature comme d'une arme, les gens que j'ai rencontrés et qui m'ont parlé ne constituent pas « une élite laïque ». Ce sont des femmes de toutes conditions, qui ont chacune leur histoire et leurs aspirations. Aucune d'elles ne m'a paru s'en prendre à une supposée « identité » marocaine, et leur seule revendication est de vivre libres et de disposer de leur corps comme elles l'entendent.

La romancière nigériane Chimamanda Ngozi Adichie, autrice de *Nous sommes tous des féministes*, raconte qu'un universitaire nigérian lui a un jour expliqué que le féminisme n'était pas africain. « Ça ne fait pas partie de notre culture », lui a-t-il sèchement asséné. Pour les islamistes aussi, le féminisme universaliste n'est rien d'autre qu'un cheval de Troie de l'Occident. Pour eux, les principes des Lumières sont un leurre. N'ont-ils pas servi à légitimer la colonisation ? Ne sont-ils pas une supercherie puisque les dirigeants occidentaux les oublient pour le moindre contrat juteux ? Un jour, alors que je défendais devant un auditoire l'idée d'une dépénalisation des relations sexuelles au Maroc, quelqu'un s'est levé, furibond, et m'a tout simplement accusée de vouloir généraliser l'homosexualité et faire du Maroc un immense lupanar. Et si vous vous risquez à dire que oui, vous enviez à l'Occident la liberté sexuelle, l'égalité des sexes, le fait de pouvoir, pour une femme, marcher tranquillement dans la rue la nuit, vous êtes considérée comme une traîtresse. Et sans doute vous servira-t-on cet argument ô combien philistin : « Une femme qui s'affiche en bikini, qui subit les diktats érotiques, est-elle plus libre qu'une femme voilée ? Les femmes occidentales sont-elles vraiment plus heureuses ? »

Quand il m'arrive de raconter à des amis français à quel point l'Occident peut obséder de l'autre côté de la Méditerranée, ils sont dubitatifs, pour ne pas dire agacés. « Oh, mais l'Occident, ça suffit. La colonisation, c'est fini depuis longtemps. On ne va pas tout nous mettre sur le dos. » Certes, les puissances coloniales ne sont plus et les relations avec les anciennes colonies se sont distendues. Mais depuis les années 1990, les guerres successives dans le monde arabe sont vécues comme une humiliation et l'hégémonie du mode de vie occidental est vue comme une colonisation qui ne dit pas son nom. Pour Abdelhak Serhane, auteur de *L'Amour circoncis*, « la culture occidentale n'a réussi qu'à bouleverser l'identité traditionnelle dans ses formes et à placer l'individu dans des ambiguïtés inquiétantes, sources de conflit ». Le sentiment de subir la modernité et la mondialisation renforce la volonté des hommes de maintenir vivace le patriarcat, symbole d'une identité menacée. L'espace sexuel devient le seul espace où l'homme peut exercer sa domination.

Pour les salafistes, l'Occident est un contre-modèle : celui de la transparence à outrance où tout se dit et où tout se voit, où l'on baise partout et tout le temps, et où le corps des femmes ne fait plus l'objet d'aucune pudeur. Y céder, c'est risquer de sombrer dans le chaos. Accepter la liberté des femmes, c'est accélérer la décomposition de l'ordre social et condamner à mort une culture et des traditions. D'ailleurs, parlez de l'Occident avec un islamiste et vous constaterez qu'il se met très vite à aborder le sujet des femmes, des homosexuels ou de la liberté sexuelle. Pour eux, ce qui caractérise l'Occidental, c'est d'abord « l'anarchie des mœurs » ou « la déviance sexuelle ». Une étude (*Islam and the West*), menée par les Américains Ronald Inglehart et Pippa Norris entre 1995 et 2001, a montré que les plus grands écarts d'opinions entre le monde musulman et l'Occident ne concernaient pas les valeurs démocratiques ou les systèmes politiques mais le rôle des femmes et les questions ayant trait à la sexualité. Pour eux, « le fossé culturel qui sépare l'Islam et l'Occident a plus à voir avec Éros qu'avec Démos » !

Trop souvent, le débat se réduit à montrer chaque camp du doigt et à le caricaturer. Les conservateurs parlent avec beaucoup de mépris de ce qu'ils appellent les « courants laïques », les modernistes, qui revendiquent le progrès, mot qui dans leur bouche devient presque un crachat. Pour eux, je fais évidemment partie de cette élite occidentalisée, jouissant de privilèges et déconnectée des réalités de la majorité de mes concitoyens. Mais cela suffit-il à m'ôter toute légitimité ? Dois-je, pour autant, comme une grande partie de la bourgeoisie marocaine, me contenter de vivre dans le secret ? Jouir dans mon espace privé de libertés pourtant interdites par la loi ? Me comporter, parce que j'en ai les moyens, comme je le souhaite dans des espaces publics réservés aux gens issus de mon milieu social ? Je l'ai longtemps cru. J'ai cédé longtemps à l'idée que vouloir imposer mes vues relevait d'une certaine condescendance. Aujourd'hui, je pense que seule importe la légitimité de ce que je défends. Je m'appuie sur des valeurs universelles et je réfute absolument l'idée que l'identité, la religion ou quelque héritage historique que ce soit dépossèdent des individus de droits qui sont universels et inaliénables.

En réalité, en opposant une identité musulmane basée sur la vertu et l'abstinence à une culture occidentale qui serait celle de la dépravation, on nie complètement notre héritage culturel. La question n'est ni identitaire ni morale, mais plutôt politique. On peut considérer que si les musulmans n'ont pas de droits sexuels, c'est parce que la plupart des régimes dans lesquels ils vivent reposent sur une négation des libertés individuelles. Le croyant/citoyen n'est pas autorisé à penser par lui-même et à prendre ses décisions en toute conscience. Il n'est de même pas autorisé à faire l'amour avec qui il veut. Comme l'a écrit la sociologue égyptienne Shereen El Feki dans *La Révolution du plaisir*, « la religion est un outil de contrôle social, particulièrement sur les femmes et sur les jeunes. Plus les régimes sont sous pression, plus ils répriment la sexualité sous le voile de l'islam ».

« Dans les années 1970, m'a expliqué le sociologue Abdessamad Dialmy, après la révolution sexuelle en Europe et aux États-Unis, certains intellectuels du monde arabe ont commencé à s'intéresser à la question de la sexualité, du corps. » En témoignent les ouvrages de Abdelwahab Bouhdiba, *La Sexualité en Islam*, de Fatima Mernissi, d'Assia Djebar, de Malek Chebel. Depuis une dizaine d'années, une nouvelle génération d'intellectuels, venue notamment du Liban ou d'Égypte, aborde plus frontalement la question des libertés sexuelles dans les pays musulmans.

Mais sur le terrain, le militantisme reste concentré autour de la problématique de l'égalité des sexes. Revalorisation des droits, bataille pour l'accès à l'éducation, à la santé, à l'emploi, à la contraception : en cinquante ans, les féministes ont accompli un travail colossal. La lutte contre la répression sexuelle est un combat qui reste à mener.

MAHA SANO

« Appeler une chatte… »

Maha Sano est une jeune femme étonnante. Nous nous rencontrons au début de l'année 2015 dans un café du centre-ville de Rabat, près de l'appartement où elle vit seule. Elle me raconte le jour où elle a assisté, à Paris, à une représentation de la célèbre pièce d'Eve Ensler, *Les Monologues du vagin.* Enthousiasmée par ce texte, elle décide, en 2012, de le produire au Maroc. Elle s'appuie sur l'association Théâtre Aquarium pour accueillir des femmes, issues de tous les milieux, et avec qui elle met en place un espace de parole. Le but : savoir comment ces femmes nomment leur vagin. Située dans le quartier populaire Akkari de Rabat, l'association Théâtre Aquarium a pour ambition de faire de l'art un moyen d'expression pour les femmes et les populations marginalisées. Sa mission principale : « La mise en œuvre de l'égalité entre les sexes et la diffusion de la culture de genre via l'utilisation de l'art. »

Maha Sano raconte : « Nous avons écouté des dizaines de femmes, et leurs discours sur la sexualité étaient majoritairement dramatiques. J'ai d'ailleurs le sentiment qu'il leur apparaissait plus légitime de s'exprimer en tant que victimes. En prenant du plaisir et en le revendiquant, elles auraient sans doute craint d'être assimilées à des prostituées. De manière générale, on a tendance à enfermer les femmes dans ce rôle de victime. Regardez le débat sur l'avortement : on avait le sentiment qu'il devait être réservé aux femmes victimes. C'est d'ailleurs ce que dit le projet de loi : celles qui ont eu une relation sexuelle consentie n'ont pas le droit à l'avortement. On récuse complètement le droit au plaisir et, d'une certaine manière, l'État confirme ainsi sa mainmise sur le corps de la femme.

« En même temps, ces groupes de parole étaient très gais et on riait beaucoup. Je me souviens que l'une des femmes a dit cette phrase incroyable : "Si l'hymen n'existait pas, ce serait la liberté." Il faut savoir que ce genre de réunions féminines n'est pas exceptionnel. Dans les milieux populaires, les femmes se réunissent entre elles l'après-midi et parlent de leurs familles, de leurs enfants et… de sexe. Elles invitent parfois des chanteuses qui chantent des histoires très explicites et très sexuelles. Ces moments sont une respiration, une récréation dans un pays où l'éducation sexuelle est très oppressive. Quand on parle aux femmes de leur sexe, on leur dit de cacher "leur problème", de serrer les jambes. Par exemple, on parle toujours des règles de façon extrêmement violente. Les menstrues sont associées à quelque chose d'impur, de sale, à une forme de malédiction originelle.

« Nous avons fini par monter la pièce et, au moment des représentations (en juin et novembre 2012), je sentais bien que la salle bouillonnait. Quand les comédiennes disaient l'équivalent du mot "chatte", le public riait à la fois de gêne et de libération. En arabe, le mot "vagin" est d'une extrême vulgarité et il est en général utilisé comme une insulte, c'est dire ! Les gens m'ont dit que ça avait été une vraie douche. Un monsieur, venu avec ses filles, m'a avoué que cela avait été l'occasion d'une prise de conscience.

« Cette pièce retrace un peu l'histoire de la femme marocaine, de l'enfance à son âge adulte. Elle montre à quel point la sexualité féminine est inexistante, niée, au sein des foyers et dans l'éducation. Si la femme parle de son vagin ou de sa propre sexualité, elle a de grandes chances de se prendre une gifle. De toute façon, le vocabulaire à sa disposition est tellement violent que cela l'incite à en faire un tabou, à ne pas le formuler.

« Certains médias arabophones et conservateurs ont vivement critiqué la pièce. Le journal *Attajdid*, proche du PJD, a accusé l'équipe de la pièce d'utiliser “la provocation et la permissivité afin de porter atteinte aux mouvements islamistes”. J'étais en admiration devant les comédiennes, pour qui incarner ces personnages était un véritable défi. La pièce a bien sûr suscité la controverse. Le sexe, tout le monde le pratique, tout le monde en parle, mais dès qu'on veut en faire le sujet d'une œuvre et donc le rendre “public”, les gens s’insurgent au nom d’une prétendue bienséance.

« Dans la pièce, une des comédiennes dit : “Mon vagin, je l’emmène partout avec moi : dans ma chambre, au hammam, au marché, partout, et même à la mosquée”, “Je serre mes jambes, je les serre parce que personne ne doit le voir. Personne ne doit se dire qu’il est niché là, entre mes jambes.” Ou encore : “À les écouter, on a l’impression que notre vagin est notre malheur. Qu’il faut l’enfermer. Je dois l’enfermer et ne l’ouvrir que le jour du mariage.”

« Pendant le Printemps arabe, il y a eu une véritable libération de la parole. Le mouvement du 20 février, qui se situait un peu dans le sillage de ces révolutions jeunes et démocrates, y était pour beaucoup. La pièce a été montée à ce moment-là, et ça a beaucoup aidé. C’était une période où les gens, et en particulier les jeunes, avaient envie d’appeler les choses par leur nom et de porter un coup d’arrêt à l’hypocrisie maîtresse.

« Je ne revendique pas un modèle de société particulier. Moi, tout ce dont j’ai envie, c'est d'avoir le choix. Vous savez, à force de vivre dans cet équilibre précaire, on finit par devenir paranoïaque. On ne sait plus où est le bien, le mal, on a parfois peur de ses propres pensées, de ses propres réactions. Pour moi, le travail sur les *Monologues du vagin* était avant tout un moyen de faire naître une réflexion chez les femmes, de les sortir du conditionnement dans lequel on les a enfermées. On s'habitue à la façon dont notre corps est traité par la société, à la façon dont il est nommé. Se réapproprier son corps passe aussi par un travail sur la langue, sur le vocabulaire qui est le reflet de notre culture machiste. D'ailleurs, la pièce s'appelle *Dialy*, c'est-à-dire “le mien”, ou plutôt “c'est le mien !” »

ABDESSAMAD DIALMY

Sociologue de la sexualité en terre d'Islam

J'ai rencontré le professeur Dialmy en juin 2015, à Rabat. Ce sociologue a fait de la sexualité son principal terrain d'étude. Il est considéré comme un précurseur dans son domaine.

« La sexualité est un sujet de très grande crispation au Maroc. On peut, d'une certaine façon, distinguer trois étapes dans la façon dont une société légifère sur les pratiques sexuelles. Dans la première étape, il y a adéquation entre les normes et les pratiques sexuelles. Les pratiques restent très encadrées par les normes, qui sont religieuses. Il n'y a là, majoritairement, qu'une sexualité conjugale. Au Maroc, nous sommes dans la deuxième étape, où les normes continuent d'être religieuses et conservatrices, tandis que les pratiques s'en séparent. Elles se sécularisent, sans que ce soit pour autant assumé. Les pratiques sont en avance sur les normes. Le Maroc est en phase de transition. On peut bien sûr parler d'hypocrisie, car les Marocains savent que ce divorce existe.

« Les islamistes, eux, ont une théorie sociale. Pour eux, les pratiques sexuelles des Marocains sont déviantes et il faudrait les ramener dans le droit chemin. Ils considèrent que nous vivons une espèce d'anomie sexuelle, une perte de repères et de valeurs. Adl Wal Ihsane (groupe islamiste Justice et Bienfaisance) parle du retour à la *jahiliya*, au temps préislamique de l'obscurité totale, de l'ignorance et de la dépravation. Pour les islamistes, l'islam n'a pas à être réformé dans sa gestion conceptuelle et morale du sexe. La loi est bonne, ce sont les musulmans qui sont imparfaits et qui doivent s'améliorer.

« Évidemment, cette "transition sexuelle" est plus marquée en ville, en haut de l'échelle sociale et, d'une certaine façon, on peut dire que les femmes en profitent le plus. Leurs pratiques sont sexuellement plus avancées que celles des hommes. Les hommes, eux, n'ont jamais été réprimés. Jusqu'en 1926, en tant que musulmans, les jeunes hommes célibataires avaient le droit de posséder des esclaves sexuelles ! L'homme qui fait l'amour avant le mariage, c'est mauvais mais admis. Une jeune fille est, elle, condamnée irrémédiablement.

« L'un des acquis de cette révolution sexuelle féminine, c'est la distinction entre virginité et préservation de l'hymen. Dans le Coran, la virginité signifie l'absence de toute relation sexuelle avant le mariage. Mais à partir de la fin des années 1960, les jeunes filles ont commencé à modifier leurs comportements sexuels. En 1975, je faisais une enquête à Casablanca et une lycéenne m'a dit : "Faire l'amour de manière superficielle, sans pénétration, c'est une conciliation entre mon désir et le tabou." C'est une sorte de compromis. Elle fait plaisir à Dieu en refusant de perdre son hymen et, en même temps, elle se fait plaisir à elle-même. La dernière enquête du ministère de la Santé montre que 56 % des jeunes entre 15 et 24 ans pratiquent le sexe sans pénétration et 25 % avec pénétration.

« Pour ces jeunes, le sexe sans pénétration reste un péché, mais c'est un péché mineur. Ils produisent cette distinction. Au contraire, forniquer est un grand péché. Cet hymen, c'est en quelque sorte la capitale du corps féminin, il faut le préserver comme une forteresse imprenable. Mais c'est aussi *un* capital qui permet d'évaluer la valeur de la fille. Dans les milieux défavorisés, les filles n'ont souvent pas d'autre capital. Pour filer la métaphore, on pourrait dire que le corps est comme un État qui serait défait dès lors que sa capitale tombe. Si elles perdent ça, tout est perdu. L'homme marocain a tendance à croire que le corps de la femme reste marqué à jamais par le défloreur. D'ailleurs, on retrouve des textes des *fouqaha*, des "docteurs de la loi", qui disent : "Épousez une vierge de peur que la femme ne reste attachée à l'amant." Les femmes se soumettent malheureusement à cet impératif, se font refaire l'hymen ou acceptent les pénétrations anales. Finalement, bourreau et victime sont prisonniers de la même logique et la perpétuent.

« L'islam propose deux solutions : l'abstinence préconjugale ou bien le mariage précoce, dès la puberté. Aujourd'hui, ces deux solutions sont devenues irréalistes et irréalisables. On ne peut pas demander à ces jeunes de s'abstenir de leur puberté jusqu'à l'âge du mariage, qui est en moyenne à 31 ans pour les garçons. Il y a donc un bricolage spatio-sexuel. On se cache dans les voitures, les escaliers, sur les terrasses, les plages, dans la forêt. Et on bricole aussi dans la façon de faire puisqu'il faut préserver l'hymen. Donc cette sexualité est multirisque : il y a un risque social, sanitaire, un risque de grossesse, de perte d'hymen, d'arrestation par la police et, bien sûr, d'agression. L'État est forcé de ne prendre en compte qu'un seul risque : le VIH, dont il délègue la gestion aux associations, puisque les plus touchés sont les homosexuels et les prostituées, qui vivent déjà dans l'illégalité.

« La société ferme les yeux. On dit : "Cachez-vous, préservez l'hymen et ne faites pas de scandale." Dès que c'est public, on condamne. Il y a une tolérance vis-à-vis des actes tant que c'est caché. Je résume cela sous le slogan : "Silence, on baise." La sexualité des jeunes est volée. Or, ce qui est volé est misérable. On ne peut pas être bien en ayant peur, en se sentant coupable. C'est ça, la "misère sexuelle".

« Les mouvements féministes négligent la question sexuelle. Ils ont peur d'y perdre leur crédibilité, d'être salis, tout comme les partis politiques. Toutes les forces se rejoignent pour se taire ou faire taire. Quand on parle à des progressistes, combien sont-ils à affirmer qu'on ne peut aller ni trop vite ni trop loin, au risque de crisper des opinions publiques très attachées à leurs traditions. La tradition étant en l'espèce la sujétion des femmes. Malheureusement, le citoyen n'a pas encore remplacé le sujet. Il y a quelques années, le leader de l'USFP (parti de gauche) a dit que c'était à l'État d'intervenir contre les débauchés et les fornicateurs. C'est quand même affligeant d'entendre un homme de gauche utiliser le vocabulaire des conservateurs !

« Il y a des voix solitaires, minoritaires, qui commencent à s'élever. Moi-même, je suis marginalisé, j'ai des difficultés à publier ces livres, je suis insulté, menacé.

Il y a ceux qui militent contre l'avortement clandestin, contre le sida ou pour les droits des mères célibataires. On ne demande que le droit à la santé sexuelle, de manière vague et confuse. Mais en réalité, on ne peut pas faire l'impasse sur la question de la légalisation des relations sexuelles hors mariage. Il faut d'abord demander le droit à la sexualité ! Une fois que ce droit est acquis, on peut faire de l'éducation sexuelle, des programmes de sensibilisation.

« Peu de gens assument leurs pratiques : tout le monde veut offrir une image respectable de soi. Il faut modifier ces lois, qui, en plus, s'appliquent de manière très sélective. Même dans le cas du travail sexuel, les policiers font des rafles sur les prostituées pauvres, qui font le trottoir avec leurs djellabas. Si vous avez de l'argent et des connaissances, vous ne risquez pratiquement rien. Je ne crois pas, contrairement à certains observateurs, que la misère sexuelle soit une des causes des Printemps arabes en 2011. Mais il est certain que cette misère génère un sentiment de frustration. La modernité sexuelle est inaccessible aux masses urbaines. Et cela nourrit l'intégrisme religieux. Comme on ne peut pas le posséder, on veut contrôler de manière totalitaire le corps de la femme. Il doit être surveillé et puni constamment.

A. Dialmy conclut en me récitant cette fable de La Fontaine qui illustre si bien son propos :

Certain Renard gascon, d'autres disent normand,
Mourant presque de faim, vit au haut d'une treille
Des raisins mûrs apparemment,
Et couverts d'une peau vermeille.
Le galant en eût fait volontiers un repas ;
Mais comme il n'y pouvait point atteindre :
« Ils sont trop verts, dit-il, et bons pour des goujats. »
Fit-il pas mieux que de se plaindre ?

RIM

« Cuisiner, faire des enfants et bien s'occuper de son mari »

J'ai rencontré Rim en novembre 2014, à Casablanca, lors d'un café littéraire autour de mon roman. J'avais été charmée par cette femme pétillante. Six mois après, je l'ai recontactée et lui ai parlé de mon projet. Elle a tout de suite accepté de témoigner.

« La sexualité marocaine est malade. L'homme marocain a un problème avec la femme, ce qui engendre beaucoup de violence et de déséquilibre. C'est en prenant de l'âge, en lisant des livres et en voyant des films que les femmes réalisent que ce qu'elles vivent avec leur mari n'est pas normal. Moi, à 18 ans, je ne comprenais rien. J'étais d'une naïveté totale. Je n'avais reçu aucune éducation sexuelle. C'était plus que tabou : ça n'existait pas.

« Mon premier mari était un homme violent, détraqué. Je suis restée vierge jusqu'au mariage parce que c'est ainsi que mes parents nous ont élevées, mes deux sœurs et moi. La virginité, c'était obligatoire. Le soir du mariage, il ne s'est rien passé. Le lendemain j'ai dit à mes parents, chez qui on habitait : "Il ne m'a pas touchée." Mais à chaque fois, mes parents lui trouvaient une excuse. Ça a duré des mois comme ça. Mes parents disaient que je devais prendre soin de lui. Et puis, au bout d'un certain temps, ils se sont mis à me dire que la sexualité n'avait aucune importance dans un couple. Ils répétaient : "C'est Dieu qui veut ça pour toi."

« À cette époque-là, j'ai commencé à aller au cinéma, à lire des livres. Je me suis rendu compte progressivement que ce n'était pas normal, que je n'avais pas à supporter ça. On a fini par avoir des relations sexuelles, mais elles étaient très brèves et pas du tout épanouissantes. Nous avons eu trois enfants et notre couple était un véritable enfer. Mon mari me battait, m'humiliait. Je ne savais plus comment m'en sortir. À l'époque, le

Code de la famille n'avait pas été réformé et je savais que j'allais perdre la garde de mes enfants. Je l'ai quitté et je me suis réfugiée chez mes parents. Là, ça a été insupportable. Mes parents ne m'ont pas du tout soutenue, au contraire. Ils me reprochaient d'être partie. Mon divorce leur faisait honte. Ils savaient que je me faisais battre, ils voyaient les bleus sur mon visage et mon corps, mais ils m'accusaient de mentir. Ils m'accueillaient deux jours et ils me renvoyaient chez moi. Ça a été un calvaire avec mes enfants : j'allais les voir à l'école, je faisais tout pour garder le contact. Si je suis partie, c'est pour sauver ma peau.

« Je n'ai pas eu plus de chance avec mon second époux, qui était violent et alcoolique. Il me violait régulièrement. Il amenait des prostituées sous notre propre toit et il me disait : "Tu as de la chance, je pourrais aller épouser trois femmes. Je me tape une fille de temps en temps, je ne t'ai pas humiliée en prenant une autre épouse. Tu devrais me remercier."

« Pendant mon deuxième mariage, j'ai eu une aventure. Quand on a fait l'amour, j'ai compris pour la première fois que ce que je vivais était horrible. J'avais proposé à mon premier mari qu'on aille consulter un sexologue. Mais il était complètement dans le déni. Il me répétait : "C'est à cause de toi que je suis comme ça." Quand je me suis remariée, mes parents m'ont dit : "Va coucher avec lui avant de l'épouser. Sinon, tu viendras encore te plaindre." C'est ce que j'ai fait. Mais je n'avais pas vraiment d'éléments de comparaison. Il m'a paru normal, alors qu'en réalité c'était vraiment nul sexuellement.

«À 38 ans, j'ai divorcé à nouveau. J'ai fait un long travail sur moi et je me suis rendu compte que, même si mes parents étaient aimants, j'avais été victime de leurs croyances. Et que ce n'était pas un hasard si j'avais rencontré des hommes pareils. Avec mes enfants, j'ai fait le contraire de ce que j'ai vécu. Je leur parle de tout. Je n'ai jamais élevé ma fille dans le culte de la virginité. Je l'ai emmenée chez le gynécologue, elle a pris la pilule. J'ai voulu lui en parler aussi pour la protéger contre les violences, contre les attouchements.

« Je fais partie d'une classe sociale aisée mais pas très instruite. Mes parents n'envisageaient pas que leurs filles fassent des études. À 18 ans, il fallait se marier. On n'avait pas notre mot à dire. "Tu dois cuisiner, faire des enfants et bien t'occuper de ton mari", c'est tout ce à quoi on me destinait. Quand j'allais mal, on me disait : "C'est ton lot" ou "Il y a quelque chose qui cloche chez toi". À 40 ans, j'ai repris des études de psychologie et depuis dix ans je n'ai jamais arrêté d'étudier.

« Aujourd'hui, en tant que thérapeute, je reçois beaucoup de femmes. Je me rends compte que la femme marocaine est d'une patience qui confine parfois à la stupidité ! Elle est capable d'accepter l'inacceptable. À côté de ce que j'entends, mon expérience me paraît minime. La violence est quasi permanente de la part du père comme du mari. Les petites filles sont souvent humiliées, soumises, dévaluées par rapport à leurs frères. Ça ne les prépare pas à être heureuses en couple. Beaucoup de mères, qui souffrent en couple, se défoulent ensuite sur leurs enfants. Elles font des garçons leurs idoles, leurs maris de substitution. Moi, par exemple, mon frère a quatre ans de moins que moi et on m'a toujours obligée à l'appeler *sidi*, c'est-à-dire “monsieur”. Je me demande tout le temps comment leurs mères élèvent les garçons. Quelles valeurs, quelle vision de la femme transmettent-elles à leurs enfants ? C'est très tabou de parler de la figure de la mère ici, mais je crois que c'est très important de dénoncer la transmission des frustrations entre les mères et leurs enfants.

« Avec mes copines, on parle tout le temps de sexe. On brise ce silence dans lequel nous avaient enfermées nos parents. C'est le grand réveil et c'est génial ! D'ailleurs, toutes mes copines disent la même chose : le Marocain ne connaît pas les préliminaires. Il est centré sur son plaisir à lui. Ensuite, il se lève, il prend une douche, et voilà. Il n'y a aucune romance, aucun échange, aucune délicatesse. Beaucoup de femmes se sentent violées quand elles font l'amour.

« Ma fille aussi a vécu un cauchemar. Son premier mari lui imposait de vivre enfermée, d'être une femme au foyer parfaite. Elle a divorcé, avec un bébé. Elle va se remarier aujourd'hui mais, comme le veut la loi, elle perd automatiquement la garde de son enfant. Son mari a tout de suite enlevé le passeport à l'enfant. D'une certaine façon, c'est une manière de dire que les femmes ne peuvent pas refaire leur vie. Je suis hors de moi. Il y a énormément de divorces maintenant que les femmes y ont droit. Elles savent qu'ailleurs une autre condition est possible, elles ne sont plus enfermées comme autrefois. Le fait que le concubinage ne soit pas autorisé fait que les gens se marient mais ne se connaissent pas. Il y a surtout des mauvaises surprises. Je dois dire que je connais très peu de couples heureux.

« Mais je suis néanmoins optimiste. On est en train de crever plusieurs abcès. Avant, on ne parlait même pas. Quant à la femme, elle prend ses droits, elle n'attend pas qu'on les lui donne. Quand j'ai divorcé, j'ai vécu pendant cinq ans en concubinage et je n'ai jamais eu de problème. Mes parents le vivaient très mal, mais j'étais très contente de me rebeller. Maintenant, je voyage, je lis, je me sens libre. Les femmes qui ne travaillent pas et qui sont dépendantes financièrement sont obligées d'accepter des situations parfois atroces. Moi, j'avais un père qui avait beaucoup d'argent. C'est grâce à ça que j'ai pu survivre. »

SANAA EL AJI

« Ne crains pas Dieu, crains surtout le regard de l'autre »

Sanaa El Aji est une brillante journaliste et éditorialiste. Elle a notamment travaillé pour *Nichane* où elle tenait la célèbre chronique de Batoul, jeune femme émancipée et curieuse. Je la rencontre à Casablanca en juin 2015.

« On me reproche souvent d'écrire uniquement sur la sexualité et la religion. En fait, j'écris sur le rapport des Marocains à la religion, sur le décalage entre les discours et les pratiques réelles, et donc sur les questions des libertés individuelles. Au Maroc, nous avons dépassé le tabou de la politique. On peut parler de presque tout ce qu'on veut. Les deux nouveaux tabous sont la religion et la sexualité. Ça hystérise les gens.

« Dans le cadre de ma thèse, qui porte justement sur ces questions (*Sexualité préconjugale au Maroc : représentations, verbalisation, pratiques et socialisation genrée*), j'ai fait des entretiens dans tout le Maroc et je peux vous assurer que je n'ai pas rencontré une seule personne qui m'ait dit : "Je n'ai rien fait." Les garçons, pour la plupart, disent qu'ils veulent une femme vierge. S'ils tombent amoureux d'une fille qui ne l'est pas, certains affirment : "Je pourrais lui pardonner. Je pourrais même changer de ville pour elle." Pour eux, si une femme n'est pas vierge, c'est soit qu'elle est pute soit qu'elle s'est fait avoir, qu'elle est victime. Ils sont incapables de considérer qu'elle ait pu vivre sa vie, tout simplement ; qu'elle en ait profité. Les filles, elles, ne veulent surtout pas d'un homme vierge. Je consacre d'ailleurs un chapitre de ma thèse à la valorisation différenciée de la virginité, selon qu'elle soit féminine ou masculine.

« Les gens ont intégré les interdits sociaux et s'y adaptent à leur manière. Les filles jouent les vierges effarouchées. La première fois qu'elles font l'amour avec un homme, elles ne bougent pas, par exemple. Beaucoup ont entendu des histoires horribles où des hommes ont attaqué leurs partenaires en leur disant : “Où est-ce que tu as appris ça ?” Les filles peuvent recourir à différentes pratiques : sodomie, fellation, etc., pourvu qu’elles gardent l’hymen intact. Là encore, la virginité n’est pas définie comme un état de chasteté mais comme une apparence (un hymen intact).

« Certes, j’en dérange certains, mais je dois dire que beaucoup de gens me disent aussi “merci”, “on n’a pas le courage de le dire”. Ce qui me choque, c’est l’absence totale de subtilité dès qu’il s’agit de penser la sexualité, qu’elle soit hétéro ou homosexuelle. Pour beaucoup d’hommes (et de femmes parfois), il n’y a pas d’intermédiaires entre la femme vertueuse et la prostituée. Ils ont une vision extrêmement manichéenne des femmes. Sur la virginité, quand je dis que ce n’est pas ça qui fait la valeur d’une fille, on m’accuse de vouloir faire de toutes les femmes des prostituées. Toutefois, je dois aussi reconnaître qu’on ne m’a jamais interdit aucun article, j’ai pu transmettre mes idées les plus folles. Je ne me censure pas du tout et on ne m’a jamais censurée.

« Je viens d'un milieu modeste. J'ai grandi dans un quartier populaire. J'ai eu une éducation plutôt traditionnelle. Mes parents sont des gens très pieux. Ils sont attachés aux traditions mais ils ne sont pas très conservateurs. J'ai été élevée dans les principes traditionnels : la virginité, le mariage, les enfants… J'ai vécu seule à l'âge de 26 ans, ce qui était très très rare à l'époque. Je l'ai fait spontanément, sans mesurer ce que ça représentait par rapport à mon éducation. Aujourd'hui, ce choix a impacté positivement mon épanouissement personnel et ma maturité.

« Je ne sais pas ce qui a construit ma liberté. La lecture, sans doute, m'a beaucoup ouverte sur le monde. J'ai eu la chance de faire des lycées publics où il y avait beaucoup d'activités parapédagogiques. Je n'ai pas le souvenir d'un déclic en particulier. J'étais une personnalité rebelle. Je refusais. J'osais dire non à ce qui ne me convenait pas. Je n'ai pas de tabous dans mes discussions. Parfois, c'est moi qui vais attaquer. Je peux ainsi, par moments, être provocatrice pour me protéger. Je pense que j'ai dû inconsciemment développer un mécanisme d'autodéfense : quand tu fonces, on y regardera à deux fois avant de foncer sur toi ! Je mène la vie que je veux. La vie qui me ressemble. Je ne me cache pas derrière des apparences ou des discours de façade. Mon entourage le comprend. Il n'y a pas que des gens frustrés et cinglés. Le plus important pour moi, c'est d'être honnête vis-à-vis de moi-même. D'être en cohérence avec ce que je pense.

« J'ai neuf frères et sœurs, et je suis la première fille de la famille à avoir obtenu le baccalauréat. Nos parents se souviennent des années de plomb et parfois ils ont peur par rapport à nos libertés ou à nos propos. Mais un jour mon père m'a dit : "Je suis fier de toi", et ça, je ne l'oublie pas.

« Le terrain m'a prouvé que tout le monde a une vie sexuelle. Seul le "comment" change. Ce qui est intéressant, c'est de voir comment les jeunes vivent la différence entre le discours et la réalité, comment ils contournent les contraintes. Certains garçons racontent comment ils se masturbent avant d'aller voir une prostituée. Ça leur permet d'éviter l'éjaculation précoce. Il arrive aussi parfois que des garçons s'adonnent à des concours de masturbation en groupe. Le cinéma, par exemple, est un lieu de sexe. À Tanger, j'ai entendu cette histoire incroyable d'un camion qui circulait pendant que des couples faisaient l'amour à l'arrière. Il y a une créativité, un humour extraordinaire pour inventer des espaces de sexualité. Je m'intéresse aussi beaucoup à "comment on le dit", c'est-à-dire à la langue du sexe, qui est en général très crue, très violente. On est choqué quand des femmes disent des gros mots. Alors que, dans la rue, les hommes vous disent des insultes absolument incroyables.

« Je me souviens d'un film égyptien dans lequel l'actrice marocaine Sanaa Akroud quittait un lit défait sur les draps duquel on voyait une tache de sang. Ça a fait scandale ici. Les gens disaient qu'elle faisait honte aux Marocains. Si ç'avait été un homme, il n'y aurait eu aucun problème ! Mais les Marocains sont obsédés par le comportement de "leurs femmes" : elles sont des espèces d'ambassadrices de notre vertu et de notre identité.

« Quand j'étais enfant, on ne nous parlait pas des règles ou du corps. D'ailleurs, elles sont nombreuses, celles qui ont pensé qu'elles avaient perdu leur virginité en voyant le sang pour la première fois. Chez les garçons, l'éducation sexuelle se résume à une surenchère de virilité. Ils se vantent d'avoir fait ça ou ça, et je crois que cela bousille complètement leur vision des choses. J'ai lu une étude selon laquelle, dans les pays qui mettent en place une éducation sexuelle, le premier rapport sexuel se produit plus tard, en comparaison avec les pays où cette éducation sexuelle est absente. Le secret, le tabou créent finalement l'effet inverse de celui recherché : on brûle d'envie de connaître ce qu'on nous cache.

« À Casablanca, et dans les grandes villes globalement, de plus en plus de filles indépendantes assument leur sexualité. Elles en parlent de manière directe, sans fausse pudeur. Mais la majorité a des relations superficielles, sans pénétration. Beaucoup d'entre elles font la réfection d'hymen et peuvent s'inscrire ainsi dans une certaine reproduction de la domination patriarcale.

Elles perpétuent un mensonge et une hypocrisie, et ont beaucoup de mal à assumer l'acte sexuel. Combien sont-elles à me dire : “Je l'ai fait parce qu'il m'a promis le mariage” ? Les hommes préfèrent toujours ne surtout pas se marier avec celle qui a accepté d'avoir un rapport sexuel avec eux.

« Les hommes ne sont pas nos ennemis dans ce combat. Eux aussi souffrent de ce malaise, de ces ambiguïtés. Ils ont eux aussi envie que les relations avec les femmes soient plus simples. Il faut dire que les femmes ont, elles aussi, un lien mercantile avec leur corps. Pour beaucoup d'entre elles, le mari représente d'abord un avancement social. L'homme donne une dot en contrepartie du mariage. Il y a aussi cette notion de *r'chim*, une sorte de cadeau-avance avant les fiançailles, comme pour “réserver” la future mariée. Cela pourrait paraître choquant, mais j'ai comparé cette pratique, dans une chronique radio, à une marque qu'on appose sur une vache pour se la réserver. Pour dire : “Elle est à moi.” J'ai vu des femmes médecins, cadres, qui évaluent leur valeur en fonction des cadeaux qu'elles reçoivent.

D'une certaine façon, leur mariage est une forme de prostitution institutionnalisée : l'homme doit payer, et souvent beaucoup payer, pour pouvoir "avoir" cette femme. Et plus il paye, mieux elle sera valorisée. Beaucoup de femmes veulent la modernité, mais elles veulent en même temps que le mari gagne de l'argent et s'occupe d'elles. Très peu assument vraiment la "modernité". Il y a beaucoup de contradictions et surtout un grand manque d'honnêteté intellectuelle. D'un côté comme de l'autre du spectre, les gens manquent terriblement de cohérence. On réduit la modernité à pas grand-chose.

« Un jour, j'ai participé à une émission de télé consacrée au harcèlement sexuel. Je m'adressais aux hommes harceleurs en disant, en gros : si vous n'arrivez pas à gérer vos instincts, c'est que vous êtes des animaux. Quand je suis rentrée chez moi, c'était déjà non maîtrisable. Mon Facebook était inondé d'attaques et d'insultes. J'ai été traitée de pute, ils m'ont insultée. Les gens disaient : "Comment tu peux défendre la liberté sexuelle et être contre le harcèlement ?" À croire qu'ils ne veulent pas voir que les deux choses n'ont absolument rien à voir. Une autre fois, un journaliste m'interviewant sur les libertés individuelles m'a posé cette question : "Quelle est votre position par rapport aux films porno et aux abus sexuels sur les enfants ?" C'est comme si, en défendant les libertés individuelles, on cautionnait la pornographie et la pédophilie.

« Les gens ont énormément de mal à comprendre les droits et libertés individuels. Quand on défend l'homosexualité, on se fait accuser de vouloir rendre tous les Marocains homosexuels ou d'encourager la décadence des mœurs. La société veut seulement qu'on ne sache pas ce que tu fais de "mal". Leur leitmotiv est simple : "Ne crains pas Dieu, encore moins tes valeurs propres, mais crains surtout le regard de l'autre." Il ne faut pas déranger, c'est tout. »

MOUNA

« Au Maroc, on ne peut pas être homosexuelle et vraiment heureuse »

J'ai connu Mouna il y a quelques années et elle n'a jamais caché son homosexualité. Il lui était arrivé de me parler de sa relation au Maroc. Plusieurs fois, elle a exprimé son sentiment de révolte par rapport au conservatisme des esprits, à l'immixtion de la société ou de la famille dans la vie privée des individus. Durant l'hiver 2015, je l'ai contactée et je lui ai demandé si elle accepterait de témoigner pour moi. Après un temps de réflexion, elle a accepté, à la condition que je protège son anonymat. Son prénom a donc été modifié.

« Mon père était professeur et ma mère sans emploi. Ce sont des gens de gauche, ouverts aux idées modernes. Ils appartiennent à la classe moyenne, et moi, j'ai fait toute ma scolarité à l'école publique. Mon premier souvenir lié à la sexualité, c'est ce jour où ma mère est venue me chercher à l'école quand j'avais 12 ou 13 ans. Elle m'a dit : "Quand on a ses règles, on a un nouveau corps et on doit commencer à faire attention. Le regard des hommes change. Tu n'es plus une petite fille." Un an plus tard, c'est mon père qui m'a demandé si je savais ce qu'était un préservatif. "Peut-être qu'un jour tu vas tomber amoureuse et tu voudras expérimenter quelque chose, il y a des dangers." Tous les deux essayaient de trouver la meilleure manière de faire face à la sexualité de leurs enfants. Mon père parlait avec plus de liberté, il posait des mots sur les choses.

« À l'école, mes copines de classe devaient rentrer avant le coucher du soleil. Elles avaient des éducations très strictes, leurs mamans étaient pour la plupart voilées. Les filles, de manière générale, menaient des vies très protégées. Mon père était plus libéral. La première fois que je suis allée en boîte de nuit, c'est lui qui m'a accompagnée et il est venu me chercher à 3 heures du matin.

« Finalement, la société était plus dure que mes parents. Je me sentais en sécurité chez moi. Au lycée, un jour, le proviseur ne m'a pas laissée entrer parce que je n'étais pas coiffée de manière “convenable”, à son goût. Je savais que la rue n'était pas un lieu favorable aux femmes. Mon horizon, mon objectif, c'était de quitter le Maroc.

« La première fois que j'ai eu du désir, c'était à l'âge de 17 ans : j'ai lu un livre dans lequel il y avait une scène érotique et je me suis mise à me masturber sans même m'en rendre compte. Après, je suis sortie avec un garçon. J'avais décidé de perdre ma virginité. Je lui ai demandé s'il voulait que nous fassions l'amour et il m'a dit non. Il a fallu que je le rassure, que je lui promette que je ne voulais rien de lui. Finalement, on l'a fait, à ma manière.

« Quand je suis arrivée à l'étranger, j'étais surtout étonnée par le fait que les jeunes étaient beaucoup plus simples, beaucoup moins préoccupés par l'argent et les apparences qu'au Maroc.

« À partir de mes 25 ans, ma mère a commencé à être vraiment lourde. Le mariage devenait un horizon, d'autant plus que des gens venaient lui demander ma main. Elle disait, bien sûr, “c’est avec elle qu’il faut voir”. Comme beaucoup de mères, elle vivait un peu par procuration. Je jouissais, au fond, d’une liberté dont elle-même n’avait jamais joui et elle nourrissait à ce propos des sentiments ambigus : à la fois elle s’en réjouissait et ça l’énervait.

« La première fois que je suis tombée amoureuse, c’était d’une femme. Je n’ai pas du tout été perturbée. C’était naturel pour moi. C’était une étrangère, très libre et je l’admirais beaucoup. J’étais très amoureuse et donc heureuse. Je ne me suis posé des questions qu’après notre rupture. Je ne l’ai dit à personne dans ma famille, sauf à mon frère. Il était étonné mais, sur le coup, il ne m’a pas jugée. Toutefois, les années passant, il n’a pas arrêté de me demander : “Alors, quand est-ce que tu nous présentes quelqu’un ?” Je savais que par “quelqu’un” il voulait dire “un homme” et que mon homosexualité n’était pour lui qu’un caprice, une passade de jeunesse.

« Je ne me définis pas comme “homosexuelle”. En fait, je n’ai pas d’identité : ni de genre, ni sexuelle. Je ne me suis jamais sentie enfermée dans ces catégories. Je n'ai jamais eu besoin de me mettre dans une case.

« Je ne me suis sentie homosexuelle qu'à partir du jour où je l'ai dit à mes parents. Je pensais que ça n'avait aucun sens de cacher ça et de laisser ma mère rêver à mon mariage et à la naissance de ses petits-enfants. Tous les jours, ma mère me disait : "Mais tu ne plais à personne ? Ce n'est pas normal. Pourquoi tu ne vas pas vers les garçons ?" Ça devenait vraiment oppressant. Je venais d'avoir 30 ans et ce mensonge n'avait plus lieu d'être. Je n'avais pas vraiment conscience de la déflagration que j'allais provoquer. Je pensais qu'elle le savait déjà mais qu'elle ne voulait pas se l'avouer. Depuis des années, ma mère voyait bien que je n'avais que des copines.

« Elle l'a très mal vécu. Elle a commencé à prier, elle qui n'avait jamais prié. Elle disait que c'était Dieu qui l'avait punie. Elle a beaucoup culpabilisé mon père de nous avoir donné une éducation trop libre. Elle n'a plus voulu que ma sœur aille à l'étranger.

C'était devenu pour elle le lieu de la corruption morale et de la décadence. Au bout d'un mois, elle a commencé à changer complètement. Elle est devenue au contraire très douce. Elle me considère comme malade, handicapée. Elle pense que j'ai un problème qui se réglera par son amour, et aussi par des séances chez le psychiatre. Elle est persuadée qu'un médecin pourrait me soigner de cette "maladie".

« Je ne suis pas une militante. J'essaie de changer les choses à mon niveau. Mais je reste persuadée qu'on ne peut pas vivre comme homosexuelle au Maroc. Les lesbiennes que je connais ici souffrent, elles sont malheureuses, même si elles disent assumer de vivre dans le mensonge. Ici, le concept même de vie privée, d'intimité, n'existe pas. Il faut que les gens sachent avec qui vous sortez, avec qui vous vous mariez, ce que vous faites… Aujourd'hui les gens savent ce qu'est l'homosexualité, ils sont au courant de ce qui se passe autour d'eux. Mais, paradoxalement, j'ai l'impression que ça ne fait que les rendre plus violents. C'est les "autres", autrement dit les

“Occidentaux”, ce n’est pas nous. C’est bon pour eux mais pas pour nous. Même notre sexualité est identitaire, religieuse. Nous sommes à part. On nous dit: “Ne fais pas ça chez nous. Va vivre ailleurs.” Mon père m’a dit que si je pensais vraiment que c’était mon modèle de vie, il fallait que je quitte le Maroc. Il est très inquiet de me voir vivre ici, tout en revendiquant mon homosexualité.

«Je me sens en danger. Mais je sais en même temps que si je ne m’expose pas, personne ne viendra débarquer chez moi. Finalement, je me sens l’égale de tout le monde de ce point de vue. Tout le monde est hypocrite. Tout le monde a un double discours, dans n’importe quel milieu. Dès que je quitte le Maroc, je me sens plus légère.

«Je discutais dernièrement avec une de mes amies de classe. C’est une femme très pieuse, voilée, qui n’est jamais sortie des lignes qu’on lui a fixées. Elle s’est mariée jeune. Elle m’avait raconté, quelques mois après son mariage, qu’elle n’avait jamais eu d’orgasme. “Je n’aime pas son corps. Son contact me dégoûte.” Quand je m’en suis inquiétée, elle m'a répondu : "Ce n'est pas important." Finalement, leur mariage a duré un an. Elle l'a quitté, et aujourd'hui elle sort avec un homme qui la comble sexuellement. Cette fille a complètement changé : elle est maintenant pour l'avortement, pour le droit de la femme à disposer de son corps, elle est devenue beaucoup plus féministe. Elle bossait autant que son mari, et elle devait assumer la totalité des tâches ménagères. Avant son mariage, elle trouvait ça normal. Mais elle n'a pas supporté de le vivre et l'injustice de la situation lui a sauté au visage.

« J'ai connu une fille qui avait fait son *coming out*, et pour qui les conséquences ont été bien plus dramatiques que pour moi. Elle est aujourd'hui diagnostiquée bipolaire. Elle est devenue folle. Au début, elle a essayé de se protéger en se mariant avec un ami à elle qui était au courant de son homosexualité. Seulement, une fois marié, il a commencé à faire son macho. Il lui interdisait de sortir. Elle venait d'un milieu très modeste et ses parents s'étaient endettés pour lui offrir un beau mariage. Elle est devenue dépendante de son mari. Quand elle a tout avoué à ses parents, ils l'ont internée dans un hôpital psychiatrique. J'ai essayé de la protéger. Je lui ai proposé de l'héberger, de l'aider. Mais je n'ai rien pu faire. Elle était droguée tout le temps, elle a perdu son emploi, ses amis, tout contact avec le monde extérieur.

« Internet a complètement changé la sociabilité pour les homosexuels. Aujourd'hui, il est beaucoup plus facile de faire des rencontres, même s'il faut rester prudent. Il y a quelques années, j'ai découvert un site qui s'appelait lesbiennesdeRabat.com ! Je n'en revenais pas ! Il devait y avoir une centaine de femmes inscrites sur le site. Elles mettaient évidemment des photos d'actrices et de faux noms. L'administratrice du site était très paranoïaque. Il fallait vraiment montrer patte blanche pour pouvoir s'inscrire sur le site. Moi, j'avais décidé de mettre ma photo. Ça a tellement suscité sa méfiance qu'elle a refusé que je m'inscrive !

« Autre chose : le milieu homosexuel est sans doute celui où on trouve la plus grande mixité sociale. Il y a des banquières, des femmes mariées désœuvrées, mais aussi des filles de milieu très populaire.

« Pour la société, ce n'est pas normal que je ne dorme pas tous les soirs chez mes parents si je ne suis pas mariée. On grandit avec cette culture de "tout est permis en cachette", mais il n'y a qu'un modèle qui domine. Il y a toujours un moment où il faut suivre le troupeau. Avec l'âge, on se rend compte que la marginalité est impossible. On la paye trop cher. Je vois ma mère souffrir et ça me ronge. En fait, ce qui est terrible, c'est que moi, je peux me mettre à sa place mais qu'elle est incapable de le faire. Beaucoup d'homosexuels finissent par se marier pour sauver la face. Ça ne me paraît pas absurde, je ne les juge pas.

« Tous les jours, au bureau, on me demande quand je vais me marier. Je reçois des conseils à longueur de journée de femmes qui s'étonnent que je n'aie pas d'enfants. Les hommes, eux, n'acceptent qu'à moitié la liberté des femmes. Combien m'ont dit : "Déjà on laisse nos femmes se balader sans voile et travailler, alors si en plus elles ont des aventures !" Dans mon bureau, toutes les femmes sont voilées. Certaines par conviction religieuse et d'autres pour des raisons pratiques. Elles disent : "On prend le bus, on finit tard le soir, si on ne met pas le voile, on est sûres de se faire agresser." Bizarrement, le voile les protège des "animaux". Pour elles, l'homme ne pense qu'à baiser et c'est normal. Elles en ont une vision très ambivalente, puisque l'homme est à la fois la menace et la protection. J'en connais même qui me disent qu'elles seraient contentes si leur mari prenait une deuxième épouse, qui les soulagerait du devoir conjugal. »

FEDWA MISK

« Militer, c'est d'abord être cohérent et exemplaire »

Médecin de formation, Fedwa s'est passionnée pour le journalisme. Pigiste pour des journaux marocains ou étrangers, bloggueuse, animatrice de café littéraire, elle créé en 2011 le webzine collaboratif et féministe Qandisha. Je la rencontre chez elle à Casablanca durant l'été 2015.

« Les choses changent, lentement mais sûrement. J'ai le sentiment qu'on arrive un peu mieux à vivre ensemble. Quand je me retrouve face à des gens très conservateurs par exemple, je me dis : "Je ne vais peut-être pas réussir à les faire changer d'avis. Mais je vais réussir à me faire accepter." Dans ma vie professionnelle, il m'est arrivé d'avoir affaire à ce type de personne et j'ai constaté, au bout de quelques années, que la relation avec eux s'était transformée. Ces gens me connaissent, savent que je suis totalement différente, que je ne partage pas leur morale religieuse, mais que j'ai une éthique. Ils comprennent que je ne suis pas le diable et que le fait de ne pas correspondre aux critères de la "fille bien" ne suffit pas à faire de moi quelqu'un de mauvais. Ça, ça se vit au quotidien.

« Après le mouvement du 20 février 2011, j'ai crée Qandisha, un site collaboratif qui invitait les femmes et les hommes à s'exprimer sur les sujets les plus divers. Quand le magazine a été lancé, j'ai vraiment eu le sentiment de rencontrer des gens qui me ressemblaient. On s'est reconnus entre nous, et on s'est rendu compte qu'on n'était pas seuls. Je me souviens d'avoir reçu le message d'une jeune femme qui me disait : "Merci, grâce à vous, je me sens moins folle." Elle venait d'Agadir, une petite ville du sud du Maroc, où une fille est soit conservatrice, soit considérée comme une pute. Cette jeune femme a affronté son voisinage et elle a imposé que son collègue de travail puisse venir chez elle, le soir, pour travailler. Dans un papier qu'elle nous a envoyé, elle raconte sa confrontation avec le commissaire, après la dénonciation dont elle a été l'objet. Si Qandisha a sauvé une seule femme, c'est déjà énorme.

« Certes, la société marocaine est très divisée. Mais il faut arrêter d'être enfermé dans des schémas préconçus. Il ne suffit pas de boire du vin pour incarner la modernité. Et à l'inverse, je peux vous assurer que certaines filles voilées sont très laïques et très libres de leur corps. Aujourd'hui, les islamistes sont au pouvoir et il n'y a pas eu la déflagration qu'on nous prédisait. On leur met la pression, et on a même réussi à pousser le ministre de la Justice à parler de la pénalisation des lois sexuelles ! Même le Premier ministre Benkirane s'est exprimé sur la question de l'homosexualité, alors que certains hommes de gauche n'osent toujours pas en parler. D'ailleurs, j'ai moi-même interviewé Benkirane juste avant les élections. Je lui ai dit : "Je suis athée, je bois de l'alcool, j'ai des rapports sexuels sans être mariée, qu'allez-vous faire de moi ?" Après quelques secondes de stupéfaction, il m'a répondu : "Tu fais ce que tu veux chez toi, je m'en fous. Mais si je te vois nue dans la rue, je viendrai bien sûr te couvrir."

« J'ai grandi à El-Jadida, une petite ville de la côte atlantique. Je peux dire que ma mère était émancipée par rapport à son entourage. Elle avait beaucoup de caractère. Elle nous a élevés quasiment seule, car mon père était démissionnaire. Elle était un modèle pour moi. C'était une femme de poigne, directrice d'un collège avec des dizaines d'hommes en dessous d'elle. Elle était très farouchement opposée au voile. Ma mère recevait ses amis à la maison. Elle partait à Casablanca faire des courses avec un collègue de travail et elle a toujours été respectée par son entourage. Ça ne choquait personne. Elle nous a eus tard : sa première fille à 29 ans, et elle disait toujours que la maternité n'avait pas été un absolu pour elle. C'était très rare, surtout à son époque et dans son milieu. J'ai des photos d'elle, en noir et blanc, en minijupe. Il ne faut pas être naïf, et elle-même me le disait : il y avait du harcèlement. Mais elle s'est imposée pour calmer les hommes, dans la rue ou au travail. Beaucoup d'entre eux sont devenus de très grands amis.

« Ma mère était quand même très stricte. Elle a élevé seule trois enfants et elle devait se faire entendre. J'ai quitté El-Jadida pour Casablanca et j'ai commencé des études de médecine. Je vivais en colocation à l'époque. Mes colocataires avaient souvent peur des garçons qui nous embêtaient, des voisins qui nous harcelaient. Le syndic ne voulait pas nous parler à nous mais au propriétaire. Et en général, c'était moi qui m'occupais de résoudre la situation.

« Casablanca, c'est un monstre, qui te change. Au début, la ville me faisait peur, plus qu'elle ne me procurait un sentiment de liberté. À El-Jadida, c'est très petit et rassurant, tout le monde se connaît. Casablanca est une ville tentaculaire. Et puis, j'ai commencé à rencontrer des gens, à sortir du milieu fermé des étudiants en médecine. J'ai fait bouger des lignes invisibles, que je n'osais pas franchir. J'ai eu des déclics, notamment à travers la lecture.

« La sexualité existe partout où on va, mais ça se fait dans un cadre très patriarcal.

Les hommes se vantent de leurs conquêtes, les filles au contraire surjouent la discrétion et mentent beaucoup. À l'institut vétérinaire, je sais qu'il y a un dortoir mixte où c'était la folie, mais en médecine les relations entre filles et garçons restaient plutôt discrètes. Une fille a en tout cas intérêt à protéger sa réputation. Si elle n'épouse pas l'homme avec qui elle couche, ça risque de mal se passer pour elle. Heureusement, Casablanca est immense. Dans les petites villes, c'est beaucoup plus dur.

« Je sors avec un étranger, ce qui n'est pas simple. Parfois, le concierge me dit : "Ton cousin a sonné et tu n'étais pas là." Mais il sait très bien que ce n'est pas mon cousin. D'autant qu'il est blond avec les cheveux longs ! L'autre jour, c'est un marchand ambulant qui m'a dit : "Je te connais très bien, toi. Et j'ai vu ton mari, l'étranger." J'étais tellement énervée que je lui ai répondu : "Ah oui ? Lequel ?" Il s'est tu et il a souri.

« Je sais que je risque des choses. Il n'y a pas longtemps, je me suis fait arrêter en voiture, le soir, avec un ami écrivain, dont la femme est ma meilleure amie. La police voulait juste nous racketter. On n'avait absolument rien fait. Là, le flic dit à mon ami : "Tu vas risquer ta vie de famille pour ça ?" en me désignant d'un air dégoûté. Je suis sortie de la voiture et je lui ai demandé : "Ça veut dire quoi, *ça* ?" Je crois qu'il faut montrer qu'on connaît ses droits, qu'on refuse de se faire humilier. J'étais prête à aller au commissariat.

« Cet article 490, cette épée de Damoclès, je sais qu'ils peuvent l'utiliser quand ils veulent. Mais en réalité, il faut aller vraiment loin pour se faire arrêter pour des affaires de mœurs. Je pense qu'ils ne passent à l'acte que quand ça devient vraiment trop ostentatoire, dérangeant pour l'entourage. En général, tout se règle par la négociation. Déjà les gens supportent la misère, le chômage, on ne peut pas non plus leur imposer une pression policière trop grande jusque dans leur intimité.

« J'essaie de ne pas m'autocensurer, de ne pas céder aux pressions. En étant moi-même, je milite, d'une certaine façon. J'ai le sentiment que j'ai un devoir d'exemplarité.

Un jour, j'aimerais te présenter Ito, ma femme de ménage. C'est une femme étonnante. Elle vit à Sidi Moumen, elle est conservatrice. Elle connaît Alex, mon amoureux, et elle me connaît bien aussi. Aujourd'hui, je crois qu'elle n'est plus choquée par mon mode de vie. Il arrive qu'on s'asseye toutes les deux et qu'on discute pendant des heures. Je lui demande pourquoi elle reste avec son mari, qui traîne, qui ne travaille pas, qui la dégoûte. Je lui dis qu'elle est belle et qu'elle pourrait trouver quelqu'un d'autre. Ça la fait rire, mais au fond je sais ce qu'elle pense. Elle a 39 ans et, pour elle, sa vie est finie.

« Un jour, Alex m'a dit : "J'aimerais bien marcher avec toi dans un endroit où les marques d'affection sont possibles." J'étais stupéfaite ! En réalité, je ne me rendais pas compte que j'étais si crispée avec lui en public. Il y a une grande misère affective, un problème avec la tendresse. Les gens sont frustrés. On croit qu'Internet ou les réseaux sociaux vont permettre une certaine ouverture d'esprit. Le fait de voir tout ce qui se passe ailleurs n'est pas forcément gage d'ouverture. Ça génère aussi beaucoup de frustration. Quand on défend la liberté sexuelle, les gens vous accusent de vouloir faire du Maroc un lupanar géant. Ça m'énerve, mais en même temps je le comprends parce que je suis issue de cette culture-là. Ma famille était conservatrice, croyante ; moi, j'ai grandi avec l'idée du mariage, de la virginité.

« La première fois que j'ai eu une relation sexuelle, c'était complètement assumé, c'était un choix. La plupart des filles ne l'assument pas. Elles sortent avec un mec, et ensuite ça arrive dans le feu de l'action et elles se sentent très coupables. Regardez les prostituées : elles parlent à tout bout de champ de religion. Souvent, la prostituée estime qu'elle est en tort et, un jour, elle espère être sauvée et expier ses péchés. Si moi, je lui dis que je l'ai fait en connaissance de cause et que je ne me sens pas coupable, elle ne le comprendra peut-être pas. Elle va être choquée ! Ce qui choque, c'est le fait de ne pas éprouver de honte, de ne pas être obnubilée par l'idée de rentrer dans le droit chemin. On a beau expliquer que notre sexualité n'est guidée que par une éthique, ils s'en foutent : la morale est religieuse, ou elle n'est pas. Il faut composer avec. Je me fiche de la façon dont vivent les gens, mais je ne veux pas qu'on m'impose quelque chose.

SAMIRA

« Au fond, parfois, je regrette de n'avoir pas essayé... »

Samira m'a écrit un message sur Facebook. Une de ses amies lui avait parlé de mon projet et elle avait envie d'y participer. Nous nous sommes rencontrées dans un café en novembre 2015 à Rabat.

« Moi, j'étais un peu timide, plutôt pudique. C'est dû à la fois à mon éducation et à mon caractère. Adolescente, il m'était très difficile d'imaginer sortir avec quelqu'un de mon âge. Je ne faisais pas le premier pas, j'étais un peu fermée. J'ai trois frères qui ne m'ont jamais mis la pression et n'ont jamais cherché à exercer d'autorité sur moi. Au contraire, ils étaient ouverts, épanouis, je pouvais sortir avec eux en boîte de nuit.

« Mes parents sont des gens cultivés, qui s'intéressent à tout. Ils nous ont donné une éducation conservatrice, mais assez critique par rapport à l'ordre établi. Pour eux, la pudeur est quelque chose de naturel, de biologique. Ils considéraient que nous devions accepter un certain nombre de normes pour nous comporter correctement en société, et notamment avec le sexe opposé. Aujourd'hui, je me rends compte qu'avec mes enfants je reproduis ce que ma mère me faisait. Je dis sans cesse à ma fille de se tenir correctement, de serrer les jambes. Peut-être que je l'inhibe sans m'en rendre compte.

« J'ai étudié à la faculté de droit de Rabat, et ça n'a pas été facile. Je viens du lycée français et j'ai eu de grosses difficultés d'adaptation. Les gens issus de milieux plus populaires et plus conservateurs n'avaient pas du tout la même mentalité que mes amis et moi. Ils étaient assez fermés et quand on discutait de sujets tabous, le sexe par exemple, ils pouvaient se montrer très choqués. Je me souviens qu'on se cachait derrière un arbre pour fumer une cigarette. De toute façon, il fallait se cacher tout le temps. Dans les rapports hommes-femmes, c'est encore plus vrai. Les couples sont formés, ils se voient, font l'amour mais, de l'extérieur, on ne voit rien. Les gens ne se montrent pas, ne s'épanouissent pas dans la société.

« La jeunesse actuelle est plus ouverte que nous, plus rebelle. Je pense que ça va de mieux en mieux, par rapport aux revendications en tout cas. On a pris l'habitude de parler à haute voix. Mais dans mon enfance, il n'y avait que la *h'chouma*, même à l'intérieur de la famille. On ne parlait pas d'amour, pas de sexe. Entre frères et sœurs, un peu. Mais avec mon père c'était impossible. On n'osait pas. Aujourd'hui, j'ai l'impression que les gens en discutent plus. La question de la virginité n'est plus aussi taboue qu'avant. Les gens comprennent que chacun doit vivre sa vie. Et puis, il faut dire que les femmes assument plus. Dans mon entourage, j'en connais plusieurs qui n'ont pas peur de parler, voire de s'afficher.

« Moi, je suis restée vierge jusqu'au mariage. Je ne saurais pas dire si c'était un choix ou si c'est dû à mon éducation. Je voulais en tout cas qu'il y ait une vraie connexion spirituelle avec le premier homme. Contrairement à ce que vous pouvez penser, ce n'était pas si simple de rester vierge. Même si c'est la norme supposée dans notre société, la réalité est très différente. Je n'avais pas beaucoup de camarades qui avaient fait les mêmes choix que moi. Je subissais des pressions. On se moquait un peu de moi. On me disait : "Tu es coincée", "vas-y, c'est l'occasion". Mais j'ai eu peur et je n'ai jamais passé le pas. Je ne dirais pas que j'en ai souffert, mais quand j'y repense aujourd'hui, je me rends compte que je ne me suis pas accordé beaucoup de liberté. J'aurais aimé avoir le courage de découvrir, de n'être que dans le plaisir. Mais bon…

« Mon mari, lui, avait eu des expériences et j'ai accepté qu'il me les raconte. Franchement, ça ne m'a pas posé de problème, je n'étais pas jalouse de son passé. Très sincèrement, je sais qu'il n'aurait pas pu se marier avec une femme qui n'était pas vierge. Les filles qu'il fréquentait et avec qui il couchait n'étaient en général pas issues de son milieu. C'était plutôt des filles de milieux populaires, qui n'avaient pas trop d'éducation. En tout cas, il n'aurait jamais pu épouser l'une d'entre elles. Je crois que pour lui la distinction était très claire entre celle qu'il épouserait et celles avec qui il ferait son éducation sexuelle.

« Pour être tout à fait franche, je reste assez timide sur ce plan, même si j'aime mon mari et que nous formons un couple solide, depuis bientôt douze ans. Il y a des choses que je n'oserais jamais lui demander. Et il y a des choses aussi qu'il n'aimerait pas me voir faire. Pour lui, je suis d'abord la mère de ses enfants et je crois que certaines pratiques sexuelles lui paraîtraient avilissantes. Des choses que je n'ose pas dire mais qui ne sont pas pour "les filles bien". Je dis ça entre guillemets, parce que je ne juge personne et que je considère que chacun a le droit de faire ce qu'il veut avec son corps. C'est plutôt la société qui fait ce genre de distinction, et c'était très ancré, aussi, dans le type d'éducation que j'ai reçue. »

CONCLUSION

Après les agressions sexuelles le soir du Nouvel An 2016 à Cologne, l'écrivain Kamel Daoud a écrit une tribune qui a été très injustement critiquée. Pour le journaliste algérien, le monde arabe est miné, vérolé par la misère sexuelle. La jeunesse étouffe sous le poids de frustrations qui donnent lieu à des explosions d'agressivité à l'encontre des femmes, que ce soit place Tahrir, au Caire, à Cologne ou, comme nous l'avons vu, dans les rues des villes marocaines. À cela, des intellectuels ont répondu que Kamel Daoud était coupable de diffuser des « clichés orientalistes » et qu'il essentialisait la foule arabe. Soit. Je comprends bien que ces intellectuels aiment à prendre des précautions depuis leur bureau de faculté française. Mais il me paraît en tout cas impossible de nier la réalité de la misère sexuelle comme un fait social, massif, et dont les conséquences sont devenues clairement politiques.

Lorsque je travaillais pour le journal *Jeune Afrique*, j'ai eu l'occasion de faire des reportages en Algérie et dans la Tunisie de Ben Ali. J'ai souvent couvert des sujets sur la jeunesse et, à chaque fois, j'ai ressenti le malaise d'une partie de la population de ne pouvoir vivre dignement et en sécurité sa vie sexuelle. Combien de fois de jeunes Algériens ou de jeunes Tunisiens m'ont-ils confié que, en plus de subir le chômage, l'humiliation et l'absence de loisirs, ils souffraient terriblement de ne pas pouvoir voir leur petite amie, passer du temps avec elle, disposer d'un droit à l'intimité ? Ces intellectuels qui s'insurgent, je voudrais les inviter, la nuit, dans un bar populaire de Casablanca ou de Tanger. J'y suis encore allée il y a quelques mois et je peux dire que le spectacle offert est tragique. Celui d'une salle triste et enfumée dans laquelle ne sont attablés que des hommes et quelques prostituées. Entre eux, les jeunes ne parlent presque pas. Ils descendent une à une les bouteilles de Spéciale, regardent l'une des filles qui s'est mise à danser. Quand je suis entrée dans ce bar, le serveur s'est inquiété pour moi. Il s'est demandé ce que je faisais là. D'un ton à la fois doux et paternaliste, il m'a dit, rougissant, que ce n'était pas un endroit pour « les filles bien ». Mais je me suis assise quand même. J'ai gardé un visage froid, sans émotion. J'ai longtemps observé la jeune femme qui travaillait là ; car la barmaid était une femme, corpulente et plutôt jeune. J'ai voulu discuter avec elle, mais le patron m'a fait comprendre qu'elle était là pour travailler et pas pour faire la conversation. Ce soir-là, j'ai constaté avec tristesse l'absence totale de mixité sexuelle. Dans ce bar, il était évident que les relations hommes-femmes n'étaient possibles qu'à condition d'un échange économique.

Comme me le faisait remarquer le journaliste Abdellah Tourabi, ancien directeur de l'hebdomadaire *Telquel*, « on pourrait analyser la question de la sexualité au Maroc selon un paradigme quasi marxiste et dire que la misère sexuelle rejoint la misère sociale. Aujourd'hui, un jeune qui possède une maison, une voiture et de l'argent peut mener sa vie sexuelle comme il l'entend, même si celle-ci est, de fait, illégale. À l'inverse, un jeune dans les quartiers populaires aura une vie sexuelle misérable, risquée et sans doute peu épanouissante». Il évoque alors l'exemple de la sortie des matchs de football, qui génère au Maroc de grands mouvements de violence. «À la fin des matchs, les jeunes s'en prennent à deux choses: les voitures et les femmes. Deux choses qu'il leur est impossible de posséder et sur lesquelles ils déversent leur frustration.» Selon lui, même lorsqu'ils ont accès à plus de liberté, les Marocains se comportent comme «des nouveaux riches émotionnels», qui ne savent pas quoi faire de leurs sentiments, comme de leur liberté. D'où un taux de divorce colossal et des relations extrêmement tendues entre les hommes et les femmes.

Même si je pense que l'argent ne suffit pas à combler ce sentiment d'arbitraire et que même une personne possédant des moyens financiers souffre de l'absence de libertés sexuelles, je crois qu'Abdellah Tourabi a en partie raison. En réalité, la misère sexuelle s'inscrit dans un contexte général de misère sociale de la jeunesse : chômage, absence d'offres culturelles, fermeture des frontières européennes, islamisme radical. On pourrait se référer ici à la définition que Pierre Bourdieu donne de la misère sociale, qui n'est pas seulement une « misère de condition » liée à l'insuffisance de ressources et à la pauvreté matérielle. Dans *La Misère du monde*, le sociologue parle plutôt d'une « misère de position », dans laquelle les aspirations légitimes des individus au bonheur et à l'épanouissement personnel se heurtent sans cesse à des contraintes et à des lois qui leur échappent.

S'il y a une chose, en tout cas, que ces témoignages ont confirmée, c'est le fait que la « misère sexuelle » n'est pas seulement due à la domination de certaines valeurs morales ou au poids de la religion. Elle a des origines et des incidences politiques, économiques et sociales qui nous sont apparues évidentes. La misère sexuelle des masses, qui touche particulièrement les femmes, les jeunes et les pauvres, est indéniablement un outil de pouvoir pour les autorités en place. Elle est au cœur d'un système qui ne parvient pas à se réformer et qui génère de plus en plus de violence. La tension entre le désir de modernité et l'attachement – authentique ou factice – aux valeurs traditionnelles travaille profondément la société marocaine. Et si les lois concernant les libertés sexuelles ne sont pas ou mal appliquées par les autorités, les citoyens les plus fanatiques n'hésitent pas à se faire justice eux-mêmes. À plusieurs reprises, j'ai dit qu'il y avait une dichotomie flagrante entre le nombre de « coupables » et la réalité de l'application de la loi. Cela ne doit pas nous faire oublier qu'aujourd'hui, dans les prisons marocaines, des femmes adultères, des homosexuels, purgent des peines de prison bien réelles. C'est sur les plus faibles, les plus pauvres, les plus marginalisés que le sort s'abat. Ces humiliés, ces offensés, sont condamnés pour leur orientation, pour un acte sexuel ou pour un baiser de trop, en vertu non pas du danger qu'ils représenteraient pour la société mais d'une morale floue et indigente.

Tous ces témoignages confirment également le rôle central que joue la place de la femme dans toutes ces problématiques. Malgré les avancées législatives, malgré l'évolution de la société, le corps de la femme reste contraint par le groupe. Avant d'être un individu, la femme est une mère, une sœur, une épouse, une fille. Elle est la garante de l'honneur familial et, pire encore, de l'identité nationale. Sa vertu est un enjeu public. Il reste donc à inventer la femme qui ne serait à personne, qui n'aurait à répondre de ses gestes qu'en tant que citoyenne lambda, et pas en fonction de son sexe. La femme qui pourrait s'affranchir de la *qa'ida*, c'est-à-dire de la norme, de la coutume admise par tous. « Beaucoup des activités préférées des gens, telles que se promener, découvrir le monde, chanter, danser et exprimer son opinion, font partie des interdictions pour les femmes. Le bonheur d'une femme viole la *qa'ida* », écrivait Fatima Mernissi.

Parmi les femmes que j'ai rencontrées, nombreuses sont celles qui s'affranchissent des règles, des coutumes ou même du qu'en-dira-t-on. Ces femmes sont, je l'espère, l'avenir de mon pays. Elles n'attendent pas qu'on leur donne l'espace de vivre leur vie. Elles prennent ce qu'il y a à prendre, elles affirment leur soif de liberté même si le prix à payer reste lourd. Je ne voudrais surtout pas les enfermer dans la posture de victimes. En l'absence de modèles, elles sont dans l'invention d'elles-mêmes. Et j'ai été frappée par l'extraordinaire créativité des filles comme des garçons, dans l'invention des espaces de l'amour et de la sexualité. Les hommes, quant à eux, ne sont pas tous les ennemis de cette liberté. Ils sont certes déboussolés face à la rapidité avec laquelle les femmes marocaines se sont adaptées au changement et à la modernité. Reste au législateur à mettre tout en œuvre pour que chacun, quelle que soit sa vision personnelle de la vertu ou de la pureté, puisse vivre dignement et en sécurité sa vie sexuelle.

BIBLIOGRAPHIE

Salwa Al Neimi, *La Preuve par le miel*, Robert Laffont, 2007.

Tahar Ben Jelloun, *La Plus Haute des solitudes*, Le Seuil, 1997.

Sophie Bessis, *Les Arabes, les femmes, la liberté*, Albin Michel, 2007.

Abdelwahab Bouhdiba, *La Sexualité en Islam,* PUF, 1975.

Malek Chebel, *Le Kama-Sutra arabe, 2 000 ans de littérature érotique en Orient*, Pauvert, 2006.

Malek Chebel, *L'Érotisme arabe*, Bouquins, 2014.

Malek Chebel, *L'Inconscient de l'islam : Réflexions sur l'interdit, la faute et la transgression*, CNRS, 2015.

Abdessamad Dialmy, *Sexualité et discours au Maroc*, Afrique Orient, 1988.

Shereen El Feki, *La Révolution du plaisir*, Autrement, 2014.

Mona Eltahawy, *Foulards et hymens. Pourquoi le Moyen-Orient doit faire sa révolution sexuelle*, Belfond, 2015.

Michel Foucault, *Histoire de la sexualité*, Gallimard, 1976-1984.

Joumana Haddad, *J'ai tué Schéhérazade. Confessions d'une femme arabe en colère*, Actes Sud, 2010.

Joumana Haddad, *Superman est arabe*, Actes Sud, 2013.

Asma Lamrabet, *Le Coran et les femmes, une lecture de libération*, Tawhid, 2007.

Fatima Mernissi, *Le Harem politique, Le prophète et les femmes*, Albin Michel, 1987.

Fatima Mernissi, *Rêves de femme, une enfance au harem*, Le livre de poche, 1998.

Fatima Mernissi, *L'Amour dans les pays musulmans*, Albin Michel, 2009.

Nedjma, *L'Amande*, Pocket, 2005.

Chimamanda Ngozi Adichie, *Nous sommes tous des féministes*, Gallimard, coll. Folio, 2015.

Abdelhak Serhane, *L'Amour circoncis*, Éditions Paris-Méditerranée, 2000.

TABLE

DE LA MÊME AUTRICE

Dans le jardin de l'ogre (Gallimard, 2014)
Chanson douce (Gallimard, 2016)
Paroles d'honneur, dessins de Laetitita Coryn
(Les Arènes, 2017)
Simone Veil, mon héroïne (L'Aube, 2018)
Le Pays des autres (Gallimard, 2020)
À mains nues tomes 1 et 2, dessins de Clément Oubrerie
(Les Arènes, 2020, 2021)
Le Parfum des fleurs la nuit (Stock, 2021)

L'EXEMPLAIRE QUE VOUS TENEZ ENTRE LES MAINS A ÉTÉ RENDU POSSIBLE GRÂCE AU TRAVAIL DE TOUTE UNE ÉQUIPE.

COUVERTURE : Éric Pillault
RÉVISION : Fabrice Émont et Isabelle Paccalet
MISE EN PAGE : Soft Office
PHOTOGRAVURE : Point 11
FABRICATION : Louise Clément
COMMERCIAL ET MARKETING : Pierre Bottura
RELATIONS LIBRAIRES : Jean-Baptiste Noailhat et Damien Nassar
PRESSE ET COMMUNICATION : Isabelle Mazzaschi
avec Axelle Vergeade
LES ARÈNES DU SAVOIR : Pierre Bottura avec Marc Blactot,
Laura Darmon, Adèle Hybre, Guillaume Lollier
et Clémentine Malgras

RUE JACOB DIFFUSION : Élise Lacaze (direction), Katia Berry (grand Sud-Est), François-Marie Bironneau (Nord et Est), Charlotte Jeunesse (Paris et région parisienne), Christelle Guilleminot (grand Sud-Ouest), Laure Sagot (grand Ouest), Diane Maretheu (coordination), Charlotte Knibiehly (ventes directes) et Camille Saunier (librairies spécialisées)

DISTRIBUTION : Interforum

DROITS FRANCE ET JURIDIQUE : Geoffroy Fauchier-Magnan
DROITS ÉTRANGERS : Sophie Langlais
ACCUEIL ET LIBRAIRIE : Laurence Zarra
ANIMATION : Sophie Quetteville
ENVOIS AUX JOURNALISTES ET LIBRAIRES : Vidal Ruiz Martinez
COMPTABILITÉ ET DROITS D'AUTEUR : Christelle Lemonnier,
Camille Breynaert et Christine Blaise
SERVICES GÉNÉRAUX : Isadora Monteiro Dos Reis

L'ensemble de cet ouvrage a été réalisé
dans le respect des règles environnementales en vigueur.

ISBN : 979-10-375-0399-2

Dépôt légal : Septembre 2021

Achevé d'imprimer en juillet 2025
sur les presses de la Nouvelle Imprimerie Laballery
58500 Clamecy

Numéro d'impression : N00011212

Imprimé en France

La Nouvelle Imprimerie Laballery est titulaire de la marque Imprim'Vert®